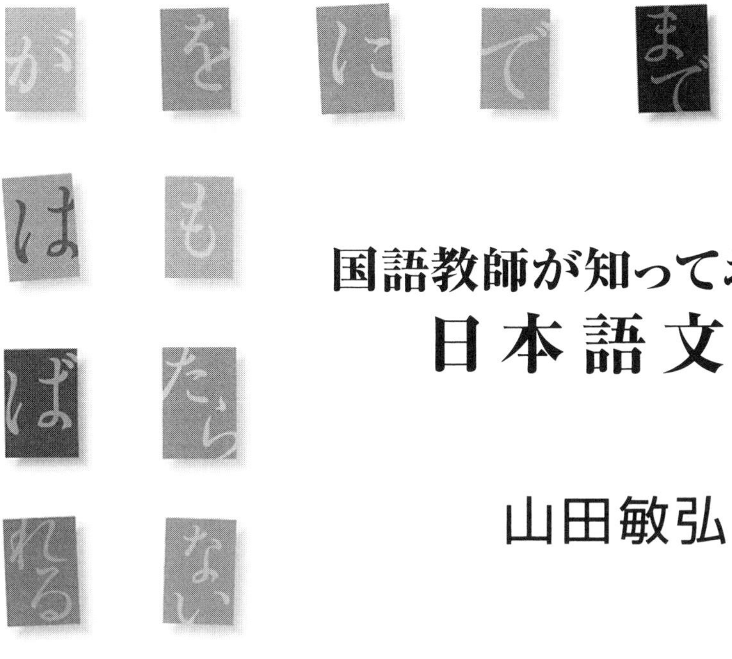

国語教師が知っておきたい
日本語文法

山田敏弘

Kurosio くろしお出版

はじめに

あなたは国語の文法説明に不安を感じていませんか？

「は」と「が」の違いを明確に教えられますか？　文節の区切り方を質問されて困ったことはありませんか？　主語を低めるはずの謙譲語「お～する」を使って「×このCDをお聞きします」と謙遜できない理由が説明できますか？

文法の時間はなんとか切り抜けられたとしても、普段の授業はどうでしょう。「バス停から歩いて、学校に着いたら友だちと遊びました」という児童の作文を、不自然に感じられながらも、その説明ができないでいませんか。「くじらぐも（光村図書『こくご一（下）』）」の中の、「あっというまに、せんせいと子どもたちは、手をつないだまま、くじらぐもにのっていました」という文が、「のりました」とは異なる情景を表していることを、授業できちんと説明できますか？

もちろん、このようなことを説明している先生もいらっしゃるでしょう。しかし中には、文法説明に不安を感じていたり、また普段の授業でも、ことばのしくみに十分気づかないままあいまいな説明をしたりしている先生も、少なからずいらっしゃるのではないでしょうか。

そもそも、今、学校で教えられている文法（=学校文法）とは何でしょうか。

学校文法は、橋本進吉（1887-1945）の手によって1930年代に編まれた『新文典別記』など、旧制中学で用いられた国文法教科書の教授法参考書が基になって作られた文法体系です。この時代は文語文法こそ「正しい」文法であった時代です。話しことばのことは、まったく考えられていなかったわけではありませんが、第一には古典の解釈のために文法というものが考えられました。

現在使われている学校文法は、編まれてからすでに70年以上も経ったものです。時代に合わせて「国語」の目的も変わりました。また、文法についての研究も進み、新しい事実もわかってきています。賞味期限切れの部分があります。

とはいっても、学校文法は1つの言語である日本語の体系を、全般的に整理したものとして、多くの日本人に共有されているものです。理想的には文法体

はじめに

系すべてを新しく作り直したほうがよいのかもしれませんが、今さら、全く新しい文法を作りましたから明日から学校で教えましょうと言われても、ちょっと困りますね。ましてや教える側の国語の先生にとっては大問題です。

　本書は、学校文法の枠組みは残しながら、日本語のもつ文法体系を、①内容としてよくわかるように、②手段として今の時代の言語活動全般に役に立つように解説したものです。

　①としては、たとえば「文節」などのように今まで専門書を見なければわからなかった事柄が、この本を読めば児童・生徒にも説明できるような形でわかるように書いてあります。②に関しては、読解にも作文や発表にも役に立ち、さらに、外国語を学ぶときや、逆に外国の人に日本語を説明するときにも役に立つよう、新しい考えを、実際の使い方とともに解説してあります。

　多くの人が住む町を、すべて破壊して再開発するのではなく、必要な施設を増やしながら現代の住み方に合う町にしていこうというのが、本書の基本的な考え方です。

　学校の文法がつまらなく思える最大の要因は、覚えなければならない知識としての性質が強すぎる点。これでは、文法が何の役に立つのか、教える先生にも、教わる児童・生徒にもわかりません。教師は知識としてだけでなく、考えるための土台として文法を捉え、その土台の上に児童・生徒の個性に合ったことばを育てていくことが必要です。まさにこれこそ、これからの文法に求められる役割なのではないでしょうか。

　本書を通じ、文法を考えることが楽しくなり、国語の時間がもっとわくわくするものになれば、これに勝る喜びはありません。

目 次　contents

はじめに iii
本書の使い方 vi

§1. 品　詞　2
§2. 活　用　14
§3. 文の組み立て　26
§4. 格助詞　38
§5. 副助詞　50
§6. 接続助詞　62
§7. 連用修飾・連体修飾　74
§8. 助動詞（1）　86
　　　～受身・使役・可能～
§9. 助動詞（2）　98
　　　～否定・時間～

もう少し知りたいかたへ　178
おわりに 180
索引 182

§10. 助動詞（3）　110
　　　～話し手の出来事に対する捉え方ともくろみ～
§11. 助動詞と似た働きの形式（1）　122
　　　～評価と働きかけ～
§12. 助動詞と似た働きの形式（2）　134
　　　～補助動詞～
§13. 敬　語　146
§14. 文章・談話　158
§15. 文法とは　172

▶本書の使い方 ▶▶▶▶▶▶

　本書では、学校で教えられる文法を15課にわたって考えていきます。

　各セクションの最初のページには、学校文法で教えられている基本的事項が載せてあります。教科書や参考書によって扱い方が異なる部分もありますが、おおむね平均的な内容を載せました。次に、「こんなことを考えてみましょう」という小欄があります。ここでは、学校文法の枠組みでは説明しきれなかったり説明しにくかったりする現象や考え方を、疑問点として提示します。

　本文には、内容として知っておきたい知識とその教え方が、わかりやすく解説してあります。

　　　　　　　　で示してある箇所は、教えるためのヒントです。考え方や教え方の1つとして、参考にしてください。

　本文には、「学校文法の○○、ここが疑問！」が各セクションに1つあります。ここでは、今まで学校文法できちんと答えてこられなかった疑問や、疑問にすら思わなかった諸現象が、細かく検討してあります。

　本文には左右に注が付けてあります。発展的な内容や、参照したほうがよい事項が書いてあります。

　各セクションには、「もう一歩進んで考えてみよう」という発展問題があります。必ずしも正答を得るためだけに考えてもらうのではなく、問題解決の方法論や考え方を学んでもらうために載せました。巻末の参考文献を参照して挑戦してみてください。

　もう1つ、セクションごとに「教科書ではこんな風に扱われています。」というコラムを付けました。実際の教科書の文章を素材にして、そのセクションで学んだことがどのように応用できるか、示してあります（教科書の引用は平成14および15年度版教科書による）。

　×や△がついた用例は、それぞれまったく不自然かやや不自然な用例です。下線（＿＿や＿＿）は問題となっている形式に引いてありますが、用例が短いなど、煩雑になる場合には省略してあります。ゴチック体は、その箇所で重要な語句を示しています。

国語教師が知っておきたい
日本語文法

§1. 品詞

学校文法の品詞はふつう次のように分けられます。

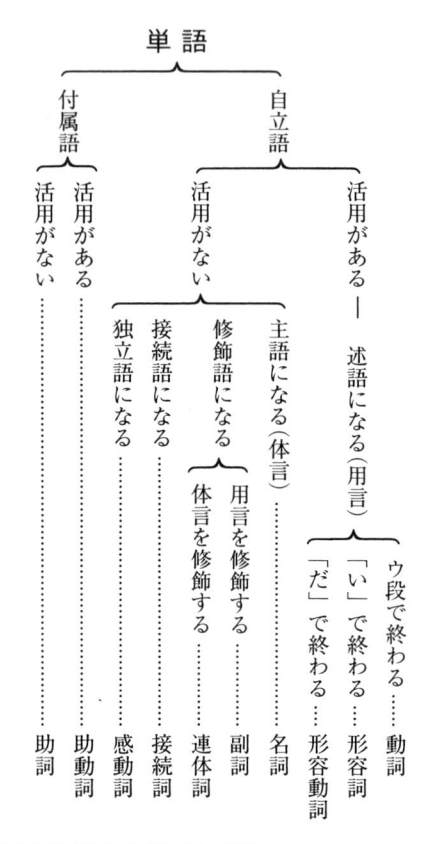

```
                          単語
            ┌──────────────┴──────────────┐
          付属語                        自立語
        ┌───┴───┐              ┌──────────┴──────────┐
      活用が   活用が          活用が                活用がある
      ない    ある            ない                      │
        │      │        ┌─────┬─────┬─────┬─────┐     │
        │      │      独立語 接続語 修飾語     主語になる（体言）
        │      │     になる になる になる          │
        │      │        │      │    ┌──┴──┐        │
        │      │        │      │  体言を 用言を    │
        │      │        │      │  修飾  修飾      │
        │      │        │      │  する  する      │
        │      │        │      │    │    │        │
        │      │        │      │    │    │    ┌───┴───┐
        │      │        │      │    │    │   「だ」で 「い」で ウ段で
        │      │        │      │    │    │    終わる  終わる  終わる
        │      │        │      │    │    │    …形容  …形容  …動詞
        │      │        │      │    │    │     動詞    詞
       助詞 助動詞    感動詞 接続詞 連体詞 副詞  名詞
```

述語になる（用言）

●名詞と代名詞を分ける場合もあります。名詞の種類については pp.12-13 を見てください。

こんなことを考えてみましょう

① 形容動詞って、名前からは動詞の一種に思えるのですが、なんだか形容詞みたいに使っていませんか？
②「こそあど詞」や「疑問詞」は品詞ですか？
③「速く」「きれいに」は英語だと quickly に beautifully だから副詞ですか？
④「本とノート」の「と」は助詞です。では、「本およびノート」の「および」の品詞は何ですか？

1. 品詞分類の基本

品詞とは「ことばの分類」です。では、品詞はどのように決められているのでしょうか。

p.2 で見た品詞分類表は、単語を上から、

① 自立語・付属語の区別
② 活用の有無
③ 活用の形　　または　　文の中での働き

という3段階で分類しています。

①の**自立語**か**付属語**かの区別は単語の独立性の強さです。日本語では、独立性が強く実質的な意味をもつ自立語に、文法的な役割を表す付属語が結合して文を作っています。

付属語には助詞と助動詞があります。これ以外の品詞はすべて自立語です。

> 自立語と付属語の見分け方としては、その語から文を始められるのが自立語、始められないのが付属語という考え方が役に立ちます。

②の活用の有無に関しては、動詞、形容詞、形容動詞の3品詞が活用をもちます。名詞は変化しないと考えます。

③は2種類あります。活用する自立語である動詞、形容詞、形容動詞は活用の形で別々の品詞に分類します。活用しない語は、文中のある語に対しどのような関係をもつかという働きによって、名詞など5つの品詞に分けます。

学校文法の品詞分類は、このように3段階4種類の方法を混ぜ合わせて分類しています。

2. 自立語の分類

品詞の分類の仕方には、大きく分けて、働き(**機能**)による分類と形(**形態**)による分類があります。

働きとは、主語になったり修飾をしたりのように、文中で他の語に対し、どのような関係をもつかということです。

●意味を中心的に表す自立語と、文の中での働きを表す付属語を組み合わせて文を作る言語を**膠着語**といいます。

世界の言語の古典的な分類では、膠着語のほかに、次の3種類があるといわれます。

孤立語：活用しない単語のみからなる
（例 中国語）

屈折語：実質的意味をもつ単語と文の中での機能を表す屈折語尾からなる
（例 フランス語）

抱合語：文全体が密接に結合し一語のようになる
（例 グリーンランド語）

●ドイツ語やロシア語のように名詞が変化する言語もあります。このような変化を**曲用**といいます。

日本語の「本が」「本を」「本に」のような名詞＋格助詞(⇒§4)を曲用と捉える立場もあります。

●助動詞に関しては活用の形はさまざまですが個別に覚えることになっており、特に分類はしていません。

§1. 品詞

また形とは、形の変化、すなわち活用をするかしないか、するとすればどのような形になるかということです。

この働きと形による分類をごちゃまぜに考えている点に、学校文法のわかりにくさがあります。

ここで1.で見た品詞分類との関係を見てみましょう。

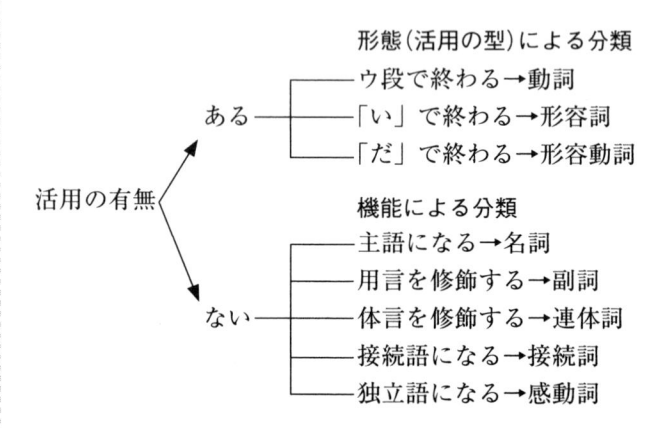

```
                        形態（活用の型）による分類
              ┌─ある──┬─ウ段で終わる→動詞
              │       ├─「い」で終わる→形容詞
              │       └─「だ」で終わる→形容動詞
活用の有無 ─┤
              │       機能による分類
              │       ┌─主語になる→名詞
              └─ない──┼─用言を修飾する→副詞
                      ├─体言を修飾する→連体詞
                      ├─接続語になる→接続詞
                      └─独立語になる→感動詞
```

活用のある自立語を**用言**と言いますが、この用言に関しては形態で品詞を分け、他の活用しない自立語に関しては働きで品詞を分けています。

> 活用があることを示すには五段動詞（⇒§2-1.）を例にして「書かない、書きます、書く、書けば、書け、（書こう）」と変化させればわかりやすく示せます。名詞との区別がわかりにくい部分がある形容動詞は、例に出さないほうがよいでしょう。

●「～く」という形があれば、(「全く」「折悪しく」「しばらく」のような活用をしない語を除いて）例外なく「～い」に対応します。これが活用です。

違った基準で分類すると混乱が起きてきます。たとえば、「早く起きる」の「早く」は副詞と間違われることがありますが、品詞としては形容詞です。形容詞の分類に書いてある「～い」の形は名詞を修飾する形なので、「～く」のように用言を修飾する形は別の語に思えてしまうのですね。

活用のある自立語、つまり用言の機能はそれぞれの活用形が一部を担っています。活用のない自立語と対比して示すと次のようになります。

形態（活用の型）による分類　　　機能による分類

付属語に接続	用言を修飾	述語になる	体言を修飾	接続する	命令する	単独で使う
未然形	連用形	終止形	連体形	仮定形＋ば	命令形	
	副詞	名詞＋だ	連体詞	接続詞		感動詞

活用の有無 ─ ある ─┬─ ウ段で終わる→動詞
　　　　　　　　　├─「い」で終わる→形容詞
　　　　　　　　　└─「だ」で終わる→形容動詞
　　　　　　└─ ない

　もちろん、厳密には活用形の機能と、活用をもたない自立語それぞれの働きは異なることが多いのですが、違ったレベルで品詞分類を行っていることが重要なのです。

3. 付属語の下位分類

　付属語は、活用の有無によって、助動詞と助詞の2つの品詞にだけ分類されます。しかし、細かく見てみると、働きもさまざまです。

[1]　助動詞の分類
　学校文法の助動詞は、ふつう、用言のどのような形に付くかで分けられ、意味的には個別に説明が与えられるだけです。
　動詞の後の助動詞は、だいたい次のような順番で続いていきます。

子どもは　野菜を　食べ－させ－られ－なかっ－た－そう－です
　　　　　　　　　語幹－使役－受身－否定－過去－伝聞－丁寧

　(1)　使役・受身：出来事をどのような立場から描くかを表す助動詞

●助動詞は、おおまかにいって、未然形、連用形、終止／連体形の順に続いていきます。これは用言との結びつきの強さの順です。

●「そうです」は、助動詞「そうだ」の丁寧形として、一語と捉えることもあります

●「食べ」を語幹とするのは学校文法の捉え方とは異なります（⇒§2-1.）。

5

§1. 品　詞

　(2)　否定：出来事の認め方を表す助動詞
　(3)　過去：出来事の時間的な位置づけを表す助動詞
　(4)　伝聞：出来事に対する話し手の捉え方を表す助動詞
　(5)　丁寧：出来事をどのように聞き手に伝えるかを表す助動詞

　助動詞は、文の意味を決定する大切な働きをしています。本書では、どのような意味をもっているかによって助動詞を分類し、§8～§10で詳しく見ていきます。

[2]　助詞の分類

　学校文法では次のような助詞があるとされています。
　(1)　格助詞：が、を、に、へ、と、で、から、より、の、や
　(2)　接続助詞：ば、と、ても、なら、から、て、が、のに、ながら、し、たり、…
　(3)　副助詞：は、も、こそ、さえ、でも、しか、まで、ばかり、だけ、ほど、くらい、など、きり…
　(4)　終助詞：か、な、や、ぞ、とも、よ、の、わ、ね、さ

　これら4つの助詞は、接続と働きによって次のように整理されます。

		格助詞	接続助詞	副助詞	終助詞
接続	名詞につく	○	×	○	×
	文や節につく	×	○	△	○
働き	他の語や節との関係を表す	○	○	×	×
	話し手の捉え方を表す	×	×	○	○

表1　助詞の分類と接続・機能

　上の2段はどのようなことばに接続するか、下の2段はどのような働きをもつかという特徴です。これら2つの特徴によって助詞は($2×2=$)4とおりに分けられます。

　助詞も、小さいですが、文を組み立てる上で重要な働きをします。§4～6と§14で詳しく見ていきます。

● 古典語では「こそ」は已然形に、「ぞ」「なむ」「や」「か」は連体形に係っていく（係り結び）ことから、係助詞という概念が重要です。
係り結びのない現代語に係助詞はありません。

● 終助詞のうち「ね」や「さ」は「それでね、昨日ね、学校でさ…」のように文節ごとに用いられて、聞き手の注意を引きつける役割をすることがあります。このような文中に置かれる場合、**間投助詞**などと呼ばれます。

4. 学校文法の品詞、ここが疑問！

　学校文法の分類には、まだまだわかりにくいことがあります。ここでいくつか見ていきましょう。

［1］　形容動詞は動詞？　形容詞？

　日本語の場合、「アイスミルク」は「ミルク」の一種、「ミルクアイス」は「アイス」の一種です。つまり後ろの要素が中心になって語の意味が決まっています。こう考えると「形容動詞」は「動詞」の一種と言うことになります。でも、本当に「動詞」なのでしょうか。

　形容動詞をいくつか挙げてみましょう。

　　　　　きれい、元気、安全、ゴージャス、いき(粋)、…

　どの語も述語として文を締めくくる場合には「きれいだ」のように「だ」がつきますし、名詞を修飾する場合には「きれいな部屋」のように「な」がつきます。

　これらの形容動詞は名詞などの性質を詳しく表現します。動詞は一部を除いて動きを表します。状態と動作という観点で分けると、形容動詞は形容詞と同様、状態的であり動詞とは異なったものであると言えます。

　実は、「形容動詞」の「動詞」というのは、「なり」「たり」という動詞型活用語尾がついたものという語源からの発想で、働きとしては形容詞に近いのです。日本語を母語としない人に日本語を教える日本語教育ではふつうの形容詞をイ形容詞、形容動詞をナ形容詞として、同じ形容詞の下位分類として位置づけます。

［2］　「指示詞」や「こそあど(詞)」は品詞なの？

　「これ」「それ」「あれ」など、「こ」「そ」「あ」で始まることばを総称して**指示詞**といいます。形式的特徴から「こそあ」、または「どれ」など「ど」で始まることば(疑問詞)を加えて「こそあど(詞)」などと言うことがあります。

　このような指示詞または「こそあど詞」は品詞なので

●状態を表す動詞には「できる」「ある」「いる」「ちがう」などがあります。

●国語教育の用語と日本語教育の用語の違いについてはp.133にまとめてあります。

●目に見えるものの場合、話し手に属すものはコ系、聞き手に属すものはソ系、両者に属さないものはア系で指示されます。目に見えないものの文脈上の指示については§14を見てください。

§1. 品　詞

● 「こなた」「そなた」は話しことばでは使われません。「あなた」は遠くの人を指し示すわけではありません。

● 「あそこ」は「あこ」とならない点で、不規則です。副詞の「ああ」はひらがなで書くと不規則に見えますが、単に長音化していると考えれば、「こう」「そう」「どう」と同じく規則的です。

しょうか。「こそあど」の仲間を分類してみましょう。

		コ系	ソ系	ア系	ド系
名詞	物	これ	それ	あれ	どれ
	人(低待遇)	こいつ	そいつ	あいつ	どいつ
	人(高待遇)	(こなた)	(そなた)	[あなた]	どなた
	場所	ここ	そこ	あそこ	どこ
	方向・人(高待遇)	こっち／こちら	そっち／そちら	あっち／あちら	どっち／どちら
連体詞	A(中立)	この	その	あの	どの
	B(低待遇)	こんな	そんな	あんな	どんな
副詞		こう	そう	ああ	どう

表2　こそあど

　このように「こそあど(詞)」は品詞ではなく、「コ」「ソ」「ア」「ド」という要素を含むという共通点を優先し、品詞の垣根を越えて似たようものを集めた分類です。

[3]　「昨日、友だちが来た」の「昨日」の品詞は？

　「昨日」などの時を表す語は、「昨日が私の誕生日だった」と主語になりますので、品詞としては名詞です。

　では、「昨日、友だちが来た」の「昨日」はどうでしょうか。活用がなく用言を修飾していますので副詞と考えられることがありますが、これも実は品詞としては名詞なのです。

　結局、どちらが優先されるかだけの問題ですが、時を表す語は主語になることが優先され、名詞に分類されるのです。「昨日、友だちが来た」はその副詞的な使い方です。

　名詞と形容動詞との区別も微妙です。名詞は他の名詞を修飾するときには「の」を後ろにとります。一方、形容動詞は「な」で名詞に係っていきますから、「病気」は名詞、「元気」は形容動詞(の語幹)ということになります。

　でもよく考えてみると「元気がいい」とも言います。つまり「元気」は主語になる名詞とも考えられます。一般的には主語になることよりも、この名詞に係っていくときの形が「な」になるか「の」になるかが優先されて、「な」になるものが形容動詞に分類されています。

このように、品詞はさまざまな分類基準のどれを優先するかで、微妙な線引きを行っているのです。

[4]　「本およびノート」の「および」はなぜ接続詞？

文と文を結ぶ働きをもつ接続詞の中には、「受験票および筆記用具を持参すること」の「および」のように、名詞と名詞を結ぶものもあります。

「および」は「受験票と筆記用具」のように、「と」で言い換えても、文体はやや変わりますが意味は変わりません。また、「×熱がある。および咳も出る。」のように、文の最初に来ることもありません。

一方で「および」は、「受験票、および筆記用具」のように、その直前で切ることができます。つまり、自立語です。この点で付属語である助詞の「と」とは異なりますが、働きの点では「と」のような助詞とかわりません。

[5]　品詞分類ってなぜ必要なの？

品詞を分類することには2つの目的があります。

1つは、日本語という言語の構造を考えることです。品詞を考えることは、古典や外国語との対照で日本語を眺める場合に役に立ちます。

もう1つは、何かの文法現象を説明しやすくするために、語のグループ化をすることです。品詞分類を使うと、「違う」は動詞だから否定の形は「×ちがくない」ではなくて「ちがわない」であるとか、「病気」は名詞だから「×病気な人」とはふつう言わないなどが、容易に説明できます。

どういった目的で品詞を教えようとしているかをまず考えることが大切です。

> 品詞分類は「単語とは何か」という、専門家の間でも議論が続く問題と関連して、非常に難しい側面をもっています。また、文法理論によっても品詞の捉え方が異なる場合もありますので、あまり突き詰めすぎないことが肝心です。

●逆に言えば、それだけ品詞は連続性をもっているということです（⇒p.11）。

●§4-6.で解説する並立を表す助詞も参考にしてください。

▶§1．品　詞

> **もう一歩進んで考えてみよう**
>
> (1)　雑誌で「宝塚なお店」や「渋谷な夜」のような表現を見かけました。この場合、なぜ、「宝塚のお店」や「渋谷の夜」と言わないのでしょう。「の」で言ったときとどのような違いがありますか。
> 　　ある温泉紹介のテレビでは、「洞窟な感じ」のようにも言っていました。「感じ」という名詞に続く場合には、名詞であっても「〜な」の形を取ることがより自然に感じられますが、なぜでしょうか。
>
> (2)　「昨日、来週、再来年…」のような時の名詞は単独で「昨日、来ました」と言えますが、「5時、3月3日、2001年」などは「5時に来ました」のように、「に」を入れて言うのがふつうです。このような例を他にも挙げて、どのような基準で「に」を使う、あるいは使わないと決めているのか考えましょう。
>
> (3)　名詞の副詞的な用法として次の①のような文があります。
> 　　① 子ぶたを<u>3匹</u>つかまえた。
> 数量を表す名詞「3匹」は次のようにも使われます。
> 　　② <u>3匹の</u>子ぶたをつかまえた。
> ①と②の違いを考えてください。
> 　　また、「子ぶた<u>3匹</u>をつかまえた」は①②のどちらに近いかも考えてください。
>
> (4)　右のページの図を見て、いろいろな単語が品詞という点でどのように連続しているか考えてみましょう。特に、「無名」「イロイロ」などの語の位置はここでよいか考えてみてください。

●数量を表す「3人、10個…」のような「数＋助数詞」の組み合わせを**数量詞**などといいます。品詞としては名詞に含まれます。

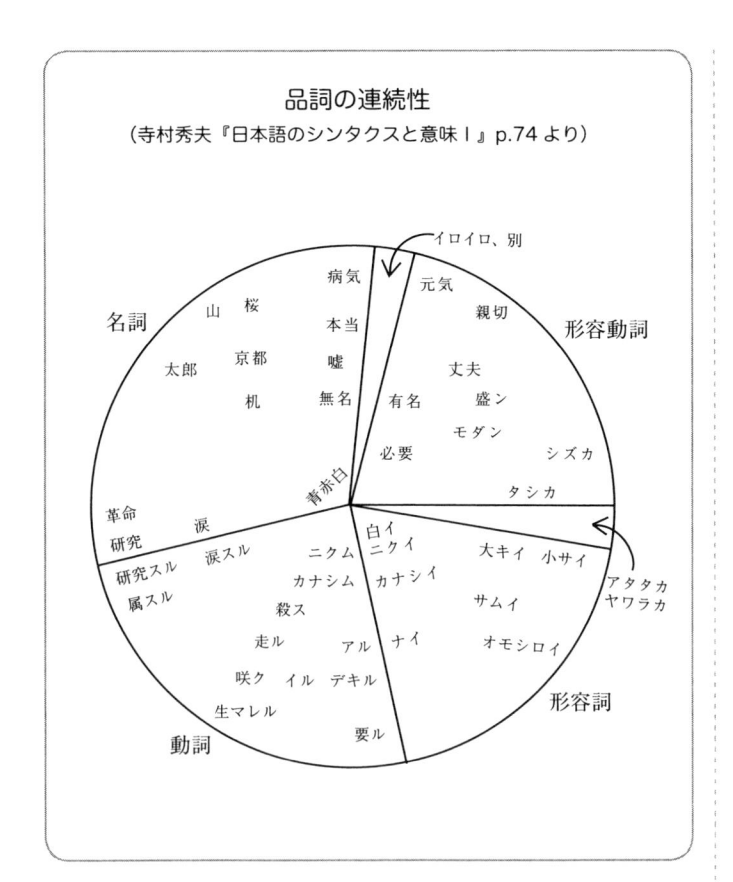

品詞の連続性
（寺村秀夫『日本語のシンタクスと意味I』p.74 より）

名詞: 太郎　山　桜　京都　机　本当　嘘　無名　病気

イロイロ、別

形容動詞: 元気　親切　丈夫　有名　盛ン　必要　モダン　シズカ　タシカ

青赤白

アタタカ　ヤワラカ

形容詞: 白イ　ニクイ　カナシイ　大キイ　小サイ　サムイ　ナイ　オモシロイ

動詞: 革命　研究　涙　研究スル　涙スル　属スル　ニクム　カナシム　殺ス　走ル　アル　咲ク　イル　デキル　生マレル　要ル

●くろしお出版 1982 年刊

§1. 品詞

教科書ではこんな風に扱われています。

~名詞の分類~

名詞について学校の教科書では次のように分類されています。(　)内は中学の学年です。

学校図書(2)：　固有名詞、普通名詞、数詞、代名詞
教育出版(1)：　普通名詞、固有名詞、代名詞(人称代名詞・指示代名詞)、数詞、形式名詞
三省堂(1)　：　普通名詞、固有名詞、数詞、形式名詞、代名詞(人称代名詞・指示代名詞)
東京書籍(1)：　代名詞、固有名詞、数詞、形式名詞、普通名詞
光村図書(2)：　固有名詞、数詞、形式名詞、代名詞

光村図書は「特に次のようによばれるもの」のみを取り出して挙げています。

数詞は、「3杯」「2ℓ」のように量を表すこともありますから数量詞と呼ぶこともあります。この数量詞は、単独で「ガソリンを2ℓ入れる」のように連用修飾語になります。

学校文法の名詞の分類は、主に意味で分けられたものです。一方、外国語との対照では文法との関連から、有情(生き物)・無情(生き物以外のもの)、時や場所といった名詞の区分も重要になります。

有情名詞・無情名詞：「人」「犬」などの有情名詞は存在を表す場合、「いる」を使い、「ビル」「机」など無情名詞は「ある」を使います。「人」も死ぬと「遺体がある」のように無情名詞になります。逆に運転手を連想する「バス」や「タクシー」に「いる」を使うこともあります。

時名詞：日本語では、今との関連で相対的に規定される「昨日、今日、明日」や「去年、今年、来年」と、絶対的に指定される「○年、○月、○日、○時、○分」があります。

場所名詞：「家」や「学校」のような場所名詞は「家へ帰る」「学校へ行く」のように使えますが、「先生」や「門」は場所名詞ではありませんから「×先生へ行く」や「？門で待つ」は言いにくく感じられます。この場合、「先生のところへ行く」や「門のところで待つ」などとします。

名詞に関して日本語では、「○○の」が明示されないことにも注意が必要です。

たとえば算数で「800円の本の代金に5％の消費税を加えて払います。いくら払いますか。」という問題は日本語としてきわめて自然ですが、実は「『何』の5％」かが省略されて表されていません。

「『本の代金＝800円』の5％」であることは、日本語のしくみとして省略されているのです。

日本語では、「兄」「妹」「両親」など親族や「翌日」「前月」などは「○○の兄」「○○の翌日」のように「○○」が決まらなければ、誰かやいつかがわかりません。割合も同じことが言えます。

このような相対的に決まる名詞については、何を基準にしているかを補って考える必要があります。

§2. 活用

	五段活用	上一段活用	下一段活用	カ行変格活用	サ行変格活用
基本形	書く	起きる	食べる	来る	する
語幹	か	お	た	(なし)	(なし)
未然形	－カ・コ －ナイ・ウ・ヨウ －レル・ラレル －マス	－き	－べ	こ－	さ－ せ－ し－
連用形	－き －い －タ	－き	－べ	き－	し－
終止形	－く。	－きる	－べる	くる	する
連体形	－く トキ	－きる	－べる	くる－	する－
仮定形	－け バ	－きれ	－べれ	くれ－	すれ－
命令形	－け	－きろ －きよ	－べろ －べよ	こい	せよ しろ

●「死ぬ」「あり」は、古典語でナ行およびラ行変格活用ですが、現代語ではいずれも五段活用です。

また、上二段、下二段という活用も古典語の活用です。

こんなことを考えてみましょう

① 未然形、連用形、命令形には２つ以上の形が挙がっているところがありますが、どうして２つあるのでしょうか。別の名称を考えなくてもいいのですか？

② 「起きる」や「食べる」は、「起き」「食べ」までが変わらない部分だと思うのですが、なぜ語幹は「お」「た」だけなんですか？

③ 五段、上一段など５つも活用のタイプがあると面倒なので、２つにまとめてください。

1. 学校文法の活用、ここが疑問！

　動詞、形容詞、形容動詞など、活用をする語には変わらない部分と変わる部分があります。変わらない部分を**語幹**、変わる部分を**活用語尾**といいます。まず動詞を考えます。

[1]　一段動詞の語幹
　p.14 の「起きる」と「食べる」のような動詞をあわせて一段動詞といいます。

　このような一段動詞について、学校文法では、それぞれ「お」と「た」が語幹、つまり変わらない部分となっていますが、本当でしょうか。「おきない、おきます、おきる、おきるとき、おきれば、おきろ」。「おき」までが変わっていませんね。では、この「き」はどこにあるのでしょうか。よく見てみると、「き」は活用語尾として、未然形や連用形などの中に含められています。「食べる」の「べ」についても同様です。つまり、語幹＝(変わらない部分)-1 なのです。これはなぜでしょうか。

　学校文法では未然形や連用形の活用語尾の欄が空白であることを許しません。そういうルールになっているのです。そのために、変わっていない部分を無理やり活用語尾にしているのですから、語幹＝変わらない部分という定義と合わないわけです。

　さらに「見る、着る、出る、寝る」のような一段動詞は、学校文法の活用表では語幹がなく(正確には語幹「φ(ゼロ)」という形で)活用語尾から始まることになってしまいます。

　どちらも現代日本語を考える上ではおかしなことです。

　外国人に対する日本語教育では、語幹を「おき」「たべ」として教えています。

[2]　五段動詞の語幹
　では、「書く」のような五段動詞はどうでしょうか。p.14

●もともと活用表は、現代語よりも古典語の分析のためという性質が強いものです。上二段の動詞「起く」であれば、語幹はやはり最初の一音節です。

●学校文法がうそだという必要はありません。学校文法の活用表は日本語の表記体系から考えれば自然な発想です。ただ外国語として日本語を学ぶ人にとっては、問題点もあり、それに対する回答を用意しておくことが大切です。

§2. 活 用

の活用表では確かに「書(か)」だけが変わらない部分のように見えますね。でも、本当にそうなのでしょうか。

ここでローマ字で書いてみましょう。

kak-anai
kak-imasu
kak-u
kak-eba
kak-e
kak-ô

> 五段動詞の「五段」とはア段、イ段、ウ段、エ段、オ段すべてにわたって活用するということです。オ段は未然形ですから活用表では一番上にありますが、最後に読むほうが自然に聞こえます。

実際には変わらない部分、つまり語幹は、「kak」まであることがわかります。日本語の最小の単位の文字が拍単位であるから、「kak」を書けないために、実際にはkという子音までが語幹＝変わらない部分であることを見落としているだけなのです。

[3]　活用のタイプは本当に5つ？

語幹が子音で終わる動詞が五段動詞であると述べましたが、同じように語幹が母音で終わる動詞が一段動詞です。

ここでもローマ字にして考えてみましょう。

<u>上一段動詞</u>	<u>下一段動詞</u>
oki-nai	tabe-nai
oki-masu	tabe-masu
oki-ru	tabe-ru
oki-reba	tabe-reba
oki-ro/oki-yo	tabe-ro/tabe-yo
oki-yô	tabe-yô

学校文法ではふつう一段動詞とは言わず、上一段動詞と下一段動詞に分類していますが、まったく同じ形式が続い

● 動詞と形容詞では終止形と連体形は同じ形ですので1つにまとめて示します。未然形の「う」に続く形は最後に示します。

● 活用形を考える場合、「し」は si、「ち」は ti、「つ」は tu のように体系を重視して**訓令式**ローマ字で表します。**ヘボン式**の shi, chi, tsu は実際の発音を重視した表記法ですので活用を表す際には使いません。

●「ゃ」「ぃ」「ゅ」「ぇ」「ょ」を含む拗音を除けば、おおよそひらがな1文字＝1拍です。

● このような語幹が子音で終わる特徴から、日本語教育では子音語幹動詞などとも呼びます。

● 一段動詞には2つの命令形があります。基本的に「〜ろ」は東日本で、「〜よ」は西日本で使われる形です。「〜よ」は硬い文体でも用いられます。

ていることがわかります。現代日本語ではこのように上一段も下一段も活用に関しては区別する必要がなく、活用する直前の母音が違っているだけです。この本ではまとめて**一段動詞**と呼びます。

カ行変格活用（カ変）動詞、**サ行変格活用**（サ変）動詞はどうでしょうか。

カ変動詞は「来る」だけです。五段動詞・一段動詞と比べてみましょう。

カ行変格活用	五段動詞	一段動詞
k**o**-nai	kak-anai	tabe-nai
k**i**-masu	kak-imasu	tabe-masu
k**u**-ru	kak-u	tabe-ru
k**u**-reba	kak-eba	tabe-reba
k**o**-i	kak-e	tabe-ro/-yo
k**o**-yô	kak-ô	tabe-yô

「来る」は語幹の母音が、o, i, u と変化するところと、命令形が特殊な形であるという特徴がありますが、活用語尾だけを見れば、五段動詞とは大きく違い、一段動詞の仲間であることがわかります。

サ変動詞である「する」も基本的には同じで一段動詞に近い活用をします。「勉強する」のように漢語名詞に「する」がついた場合も「する」と同じ活用をします。

ただし、一文字の漢語につく場合にはやや特殊な活用をすることがあります（*は正しくない形を表します）。「愛する」を例に考えてみましょう。

「する」	「愛する」	
サ行変格活用	サ変動詞型	五段動詞型
s**i**-nai	*aisi-nai	ais-anai
s**i**-masu	aisi-masu	ais-imasu
s**u**-ru	aisu-ru	ais-u
s**u**-reba	aisu-reba	ais-eba
s**i**-ro/**se**-yo	*aisi-ro/aise-yo	ais-e
s**i**-yô	*aisi-yô	ais-ô

● 「得る」は次のように活用します。
　えない　　―
　えます　　―
　える　　　うる
　えれば　　うれば
　えろ／えよ
　えよう　　―
これは下二段活用の名残と考えることができます。

● 北関東には「来る」がより一段動詞に近い活用をする方言があります。また、中部地方などでは「する」が一段動詞に近くなっています。

● 「愛する、介する」などは「愛す、愛せば」のように五段型の終止形と仮定形を相対的に見て使いやすいですが、「恋する、察する、得する」などは五段型の終止形や仮定形はほとんど使われません。

§2. 活　用

「愛する」は、サ変型、五段型どちらの活用形も使いますが、一番上と一番下の未然形（否定と意志の形）と命令形で五段型活用をとっていることがわかります。

活用は、結局、次のように整理できます。

子音語幹型活用 ── 五段動詞

母音語幹型活用 ← 一段動詞（上一段・下一段）
　　　　　　　　　カ変動詞
　　　　　　　　　サ変動詞（五段混合型を含む）

2. 音便

五段動詞には、「〜ます」に続く場合と「〜て」に続く場合の2つの連用形があります。「〜て」に続くときには語幹末の子音が消えるなどの変化が見られます。この変化を音便といいます。音便にはイ音便、撥音便、促音便があります（イ音便の□は音の脱落を表します）。

① **イ音便**になるもの：カ行、ガ行の五段動詞
　例　書く(kak-u) ⇒ かいて(ka□-ite)
　　　泳ぐ(oyog-u) ⇒ およいで(oyo□-ide)
　泳ぐの場合「で」が続きますが、これは g の有声性（のどの振動）が t に移動して d として残ったものです。

② **撥音便**になるもの：ナ行、バ行、マ行の五段動詞
　例　死ぬ(sin-u) ⇒ 死んで(si**n**-de)
　　　飛ぶ(tob-u) ⇒ 飛んで(to**n**-de)
　　　読む(yom-u) ⇒ 読んで(yo**n**-de)
　これらの動詞も語幹末子音が n, b, m と有声音であるため、「て」ではなく「で」が続きます。

③ **促音便**になるもの：タ行、ラ行、ワ行の五段動詞
　例　立つ(tat-u) ⇒ 立って(ta**Q**-te)（**Q**は促音）
　　　取る(tor-u) ⇒ 取って(to**Q**-te)
　　　買う(ka-u) ⇒ 買って(ka**Q**-te)
　サ行五段動詞だけは音便形をもちません。

● 有声音と無声音は声帯の振動の有無によって区別されます。簡単な見分け方としてはのどひこのあたりを手で押さえて振動を確かめます。

● ワ行五段動詞「買う、洗う」などは「う」で終わっています。ワ行が出てくるのは未然形の「〜わない」の場合だけですが、他の行の動詞との統一がとれるよう、kaw-anai, kaw-imasu, kaw-u, kaw-eba, kaw-ô のように、活用の場合にはwを補って考えます。

音便形まで考えて厳密に変わらない部分がどこまでかというと、「書く」であれば ka だけということになってしまいます。しかし、音便形は、基本となる活用の種類が成立した後の時代に生じた音声的な変化ですから、やはり五段動詞の語幹は子音までと考えるのがふつうです。

3. 可能の形

可能の形は、五段動詞「書く」は「書ける」、一段動詞「食べる」は「食べられる」、サ変動詞「する」は「できる」が一般に使われます。これを学校文法では次のように扱っています。

	五段動詞	一段動詞	サ変動詞
普通の形	書く	食べる	する
可能の形	書ける （可能動詞）	食べ－られる （語幹＋可能の助動詞）	できる （特殊形）

表1 活用の型と可能の形

なぜ活用によってばらばらな対応をしているのでしょう。
共通語の可能の形はだいたい次のような変化をしてきました。

　　　　　　　　　　　　明治時代　　　　昭和後期
五段動詞　書かれる　──→　書ける
一段動詞　食べられる　　　　　──→（食べれる）

今でも地方によって、また語によっては「行かれる」など五段動詞の可能形を長い形で言う人もいます。「食べれる」はいわゆる**ら抜きことば**です。

この変化をローマ字で書くと次のようになります。
五段動詞　kak-**are**-ru　──→　kak-**e**-ru
一段動詞　tabe-**rare**-ru　　　　　──→（tabe-**re**-ru）

「書ける」は、ひらがなで書くと、仮定形の活用語尾に「る」がつき新たな下一段動詞ができたと説明するしかありませんが、ローマ字書きをすれば e が取り出せます。この

●富山・長野南部・静岡以西の方言（近畿地方と四国北部を除く）では、「さして」が「さいて」になるサ行イ音便という現象もあります。サ行イ音便は古い時代の京都方言にもあったと言われています。

●カ変動詞「来る」は一段動詞に含めて考えます。

●学校文法では「れる・られる」を可能の助動詞と教えています。つまり「行かれる・食べられる」こそ正式な形ということです。

●短くなっていくのは、ほかに尊敬（⇒§13）や受身（⇒§8）の意味をもつ「れる・られる」の役割を1つでも減らそうとする動きと考えられます。

●一段動詞ではreという助動詞によっていわゆるら抜きの可能形ができます。

19

eが五段動詞に続く可能の「助動詞」です。

また、この「書ける」は「食べれる」というら抜きの形と対応していることもよくわかります。

このような歴史的変化に加え、「する」に対しては特別な動詞「できる」を用いることから、複雑な対応をしているのです。

> 可能動詞という考え方は、歴史的変化のつじつま合わせです。少なくとも意志的動作を表す五段動詞にはすべてeを介した可能の形があります。この可能の形を可能動詞と呼び、これ以上切れない単位と考えるのは、ひらがなという表記法にしばられた考え方でしかありません。

4. 形容詞・形容動詞の活用

活用形	形容詞	形容動詞	後続
語幹	美し-	元気-	
未然形	-かろ-	-だろ-	-ウ
連用形	-かっ- / -く-	-だっ- / -で- / -に-	-タ / -ナイ / -ナル
終止形	-い	-だ	-。
連体形	-い-	-な-	-トキ
仮定形	-けれ-	-なら-	-バ
命令形	×	×	

ここでは動詞の活用表と異なる点を中心に見ていきます。

[1] 命令形

形容詞・形容動詞の活用表には命令形がありません。これは形容詞や形容動詞だけの特徴ではなく、意志的に行うことができない動詞についても言えることです。たとえば「ある」や「似る」は「×そこにあれ」や「×私に似ろ」と言えるでしょうか。ふつうは使わないでしょう。

一方で命令形は、「〜だったらいいなあ」という意味(希求)でも使います。形容詞も希求の意味では「美しくあれ」「元気であれ」のような形を使うこともあります。事実、古典の活用表には命令形がありますが、これはこの希求の意味で用いられるものです。

[2] 終止形

　形容動詞の終止形は活用する自立語の中で唯一、連体形と異なる形をもっています。逆に言えば、他の品詞では連体形と終止形の区別はいらないということです。

　助動詞でも連体形と終止形の区別は「だ」を除いてありませんから、連体形という名称は形容動詞のためだけにある活用形です。

[3] 後ろに「ない」をとる活用形

　動詞を否定する「ない」は未然形に続きます。このことから、形容詞・形容動詞でも未然形に「ない」がつくように思う人がいますが、形容詞・形容動詞を否定する「ない」は、活用表からもわかるように連用形についています。

　未然形につくか連用形につくかは、「ない」の前に「は」や「も」などの副助詞（⇒§5）を入れられるかどうかという差としても現れます。

　未然形は、語幹と助動詞を非常に強く結びつける活用形ですから、「×書かはない」「×書かもない」とすることはできませんが、形容詞・形容動詞は「赤くはない」「元気でもない」と、「は」や「も」を入れることができます。

　助動詞と形式形容詞の違いについては、§9-1.で詳しく見ていきます。

　古典語の否定の助動詞「ず」は、「美しからーず」「しづかならーず」のように、形容詞、形容動詞のどちらも未然形に続くと説明されています。しかし、この「美しからず」「しづかならず」は「美しく＋あらず」「しづかに＋あらず」が短くなったもの。「ある」は動詞ですから、その前は当然、連用形というわけです。後に「あらず」が「ない」に移行したのにともなって、「形容詞・形容動詞の連用形＋ない」という否定形が誕生しました。「ない」が形容詞や形容動詞の連用形に続く理由の説明には、語源を考えるとよいでしょう。

●助動詞としての「ない」は、昔の東国（関東地方）の方言から発達したものと考えられています。京都などで用いられていた「人もなし」というときなどの形容詞の「なし（ない）」とは語源が違うようです。

[4] 音便形

形容詞の連用形は「ございます」に続く場合に音便形を取ります。

音便の形は「く」の子音 k が脱落し、残った母音 u が語幹末母音と融合することによっておこります。

早い	hay**a**k**u**	→	(hayau)	→	hayô
美しい	utukus**i**k**u**	→	(utukusiu)	→	utukusyû
醜い	minik**u**k**u**	→	(minikuu)	→	minikû
重い	om**o**k**u**	→	(omou)	→	omô

[5] 不規則活用をする形容詞

辞書で「同じ」は、たいてい形容動詞に分類されますが、「×同じな高校に通った」とは言えません。名詞を修飾するときは連体詞のように活用がない「同じ」を使うのがふつうです。

また、形容動詞型の連用形のところにある「同じに」は「同じになる」というときには使いますが、「？彼と同じに学生だ」とは言いにくく感じられます。この場合は、形容詞型の「彼と同じく学生だ」を使います。

「いい」は語幹「い」を終止形・連体形でのみ使います。「いくなる」「いかった」「いければ」などの形はありません。この場合は「よくなる」のように語幹に「よ」を用います。

また、「多い」や「遠い」も名詞を修飾するときに、「×多い人」ではなく「多くの人」を使うように、一見規則的な活用をしないようにも見えます。この点については§7-3で述べます。

●「趣味が同じな人は結婚しても余暇を二人で過ごすことが多い」のような場合、「同じな」という形も使われます。

●シク活用の形容詞は名詞を修飾するとき「美(うま)し国」や「愛妻(はしづま)」のように「し」で修飾する用法が古くありました。「同じ」もこのようなシク活用をする形容詞でした。

もう一歩進んで考えてみよう

(1) 日本語で不規則な動詞と言ったら多くの人は変格活用を思い浮かべるでしょう。これも確かに不規則ですが、そのほかにもいくつか不規則活用の動詞があります。「行く」「なさる」「ある」は不規則活用の動詞です。どの点が不規則なのか考えましょう。

(2) 漢語名詞を語幹に取るサ変動詞は「愛する」のような活用をするもののほかに、「達する」「論ずる」「詠ずる」「感ずる」などの動詞があります。「愛する」と比較して活用を考えましょう。

(3) 形容詞・形容動詞の中には同じ語幹をもつものがいくつかあります。「あたたかい」と「あたたかな」、「やわらかい」と「やわらかな」などです。
　これらの語はすべての活用形で意味を変えずに置き換えることはできるでしょうか。

▶§2. 活　用

> ### 教科書ではこんな風に扱われています。
>
> #### 〜活用と送りがな〜
>
> 　活用は送りがなとも大きく関係しています。送りがなは取り上げない教科書もありますが、やはり活用との関係で見ておく必要があります。
> 　動詞の送りがなの原則は、「活用語尾を送る」ことです。
> 　この原則は五段動詞の場合、活用語尾＝変化する部分なので、迷わず決めることができます。「書かない、書きます、書く、書けば、書こう」も「送らない、送ります、送る、送れば、送ろう」も、漢字の直後にカ行やラ行などの音が順番に並ぶので、この部分から仮名を送ることが明示的です。
> 　一段動詞の場合、「食べる」や「起きる」は学校文法でいうところの語幹部分だけが漢字で表記されます。しかし、厳密にいえば変わらない部分は表記する必要がないので、「食る」「起る」でもよいとも考えられます。実際に、明治時代の小説には「のみならず三重吉の指の先から餌を食ると云う。(夏目漱石『文鳥』)」や「朝起ると春雨が蕭々と降っていた。(田山花袋『田舎教師』)」のような用例も見られます。逆に「寝る」や「見る」のような２音節の一段動詞では、学校文法では語幹はないにもかかわらず漢字で書く部分があるというのも、よく考えれば変なことです。
> 　さらに、動詞の送りがなには、このような五段動詞か一段動詞かという活用の種類による規則のほかに、自動詞と他動詞も関係してきます。自動詞と他動詞の対応のように共通部分があればその共通部分だけを漢字で書きます。
> 　五段動詞「おこす」は「おこさない、おこします…」からわかるように、語幹は「おこ」です。ですから「起さない、起します…」と書くのが本則ですが、類似の一段動詞「おきる」があるために、「こ」を送っています。「おきる」と「おこす」で違うところ、すなわち「き」と「こ」から送りがなにしたほうが対照的でありわかりやすいという理由です。
> 　活用も送りがなと結びつけて考えれば、その必要性が活きてきます。

日本語教育の活用表

日本語を母語としない人が日本語を学ぶ場合の活用表では、助動詞という捉え方をせず、すべて語形変化と考えることがあります。一例を載せておきます。

		Ⅰ類動詞	Ⅱ類動詞	Ⅲ類動詞	
例		出す	見る	来る	する
辞書形		だす	みる	くる	する
マス形		だします	みます	きます	します
中止形		だし	み	き	し
テ形系列	テ形	だして	みて	きて	して
	タ形	だした	みた	きた	した
	タラ形	だしたら	みたら	きたら	したら
	タリ形	だしたり	みたり	きたり	したり
否定形語幹系列	否定形	ださない	みない	こない	しない
	過去否定形	ださなかった	みなかった	こなかった	しなかった
	受身形	だされる	みられる	こられる	される
	使役形	ださせる	みさせる	こさせる	させる
	使役受身形	ださせられる	みさせられる	こさせられる	させられる
命令形		だせ	みろ/みよ	こい	しろ
バ形		だせば	みれば	くれば	すれば
可能形		だせる	みられる/みれる	こられる/これる	できる
意向形		だそう	みよう	こよう	しよう

§3. 文の組み立て

学校文法では文の組み立て方として次のことを学びます。
① 文節：意味をこわさないで区切った最小のことばの単位
② 文の成分：文中での各文節の働き
　主語、述語、修飾語、接続語、独立語
③ 連文節(または「部」)：2つ以上の文節が意味用法上強く結びついて1まとまりになっているもの
④ 文節間・連文節間の関係
　・主語－述語(主部－述部)
　・修飾－被修飾(連体修飾・連用修飾)
　・並立
　・補助－被補助
　・独立
⑤ 文の構造的種類
　・単文　名詞修飾節や接続助詞による従属節を含まない文
　・複文　名詞修飾節や接続助詞による節が含まれている文
　・重文　節が並立(対等)の関係で結ばれてできている文
「節」とはふつう主語と述語を含む連文節を指します。
⑤の文の構造的種類については、接続助詞の用法とあわせて§6で触れます。

こんなことを考えてみましょう

① 「ゆっくり歩かなかった」でも「まったく歩かなかった」でも副詞の「ゆっくり」と「まったく」は「歩かなかった」という同じ文節を修飾しているの？
② 「僕が本を読む。」「僕が」と「読む」は主語－述語の関係、「本を」と「読む」は連用修飾－被修飾の関係。どうして区別するの？　目的語と述語の関係ってないの？
③ よく「日本語は語順が自由だ」と言われるけど、どんな語順でもいいの？

1. 学校文法の文節、ここが疑問！

　学校文法で最も重要な概念の1つに文節があります。しかし、「野原に花が咲いた」を文節に区切ることは簡単でも、「あの本を読んでおく」になると、説明に困ることもあります。また、文節という考え方には矛盾点も多く含まれているので注意が必要です。

[1] 文節にはどうやって区切るの？

　意味をこわさない程度に小さく区切った単位を文節といいます。この「意味をこわさない程度」とはどのようなことなのでしょう。

　よくやる方法が間投助詞の「ネ」をいれるやり方ですが、これだと「雨が降るそうだ」を、「雨がネ降るそうだネ」とするか「雨がネ降るネそうだネ」で子どもの意見が分かれることもあるようです。

　結局、文節は「自立語で始まり次の自立語の直前まで（もしくは文末まで）の単位」とするしかないようです。自立語というと難しそうに聞こえますが、意味をこわさないで文頭に来られるものと考えれば簡単です。「降るそうだネ、雨が」とは言えますが、「そうだネ、雨が降る」とすると意味が変わってしまいます。

●付属語は文頭に来ることがありません。

> 　文節を教える際にやっかいなのが、「書いている」や「読んでしまう」のような補助動詞（⇒§12）です。学校文法では、「書いて　いる」や「読んで　しまう」と分けますが、この後半部分の「いる」や「しまう」には実質的な「居る」や「仕舞う」という意味はありません。学校文法では2つの文節に分けますが、補助動詞は、働きから考えれば助動詞と同じ扱いにする必要があり、学校文法の不備な点ですので、触れないで済ますほうがよいでしょう。

●音声的にみても、「いる」や「しまう」は、「カイテイル」ではなく、「カイテイル」のように、前の動詞とともに単一のアクセント単位を形成します。

§3. 文の組み立て

[2] 文節間にはどういう関係があるの？

p.26の④には文節間の関係が載せてあります。この関係を少し詳しく見ておきましょう。

おおざっぱに分けると、文節どうしの関係は、次の4つとその下位分類に分けられます。

(1) <u>修飾</u>－<u>被修飾</u>：一方が他方に係っていく
  名詞的なものにかかる ⇨連体修飾 〈例〉<u>本の</u> 表紙
  用言や副詞にかかる ⇨連用修飾 〈例〉<u>本を</u> 読む
(2) <u>被補助</u>－<u>補助</u>：前のものの意味を補助する
  〈例〉<u>見て</u> いる、<u>本で</u> ある
(3) 並立：同じレベルの結びつき 〈例〉本と ペン、木や 花
(4) 独立：他の文節と関係をもたない 〈例〉ああ、はい

p.26の④には主語と述語の関係はありますが、目的語と述語の関係はありません。2.で詳しく見ますが、日本語にとって主語はそれほど特別な存在ではありません。逆に言えば、主語－述語の関係も1つの連用修飾のあり方と言ってもよいのです。

補助－被補助の関係は補助動詞を認めるか認めないかによって、関係の存在自体が必要かどうか大きく違ってきます。§12で詳しく見ます。

それよりも分けなければならないのが、連用修飾と連体修飾です。日本語では「図書館<u>で</u>勉強する」という連用修飾と「図書館<u>での</u>勉強」という連体修飾では形が違います。

このように文節間の関係は、連用修飾、連体修飾、並立、独立の4種類が重要です。

[3] どの単位とどの単位が関係をもっているの？

「赤いリンゴが木になった。」と言った場合、「なった」のは、単なる「リンゴ」ではなく、「赤いリンゴ」です。この「赤い リンゴが」のように、2つ以上の文節がつながったまとまりを**連文節**といいます。連文節と文節、または連文節どうしの関係を考えることが必要です。

さらにわかりにくいのが文節内部の要素への修飾です。

●「神戸の町はきれいだ」を「赤いリンゴ」と同じ考えをすると、「きれいだ」の主語は「町は」になります。これでは意味が変わってしまいます。やはり「神戸の町が」全体が主語になっていると考えたほうが自然です。

[3]で述べた「赤いリンゴが」の「赤い」は「リンゴが」という文節を修飾することになりますが、常識的に考えても「赤い」が修飾しているのは「リンゴ」という名詞であって、格助詞「が」まで含めた部分ではありません。

　接続助詞(⇒§6)を含む文節も同様です。「リンゴを食べながら本を読む。」の場合、「リンゴを」という文節は「食べながら」を修飾することになってしまいます。しかし、常識から考えても「リンゴを」は「食べ(る)」にしか係っていません。

　副詞には特定の要素と呼応する副詞があります(⇒§7)。「ゆっくり歩かなかった」の副詞「ゆっくり」による文節は「歩く」という動詞のあり方を表しています。これに対して、「まったく歩かなかった」の「まったく」は「ない」という否定と呼応しています。副詞は文節単位ではなく、その中の動詞や助動詞に係っていくのです。

　このように受ける側の文節に格助詞、助動詞、接続助詞などが加わったときは、受ける部分をもう少し細かく考えたほうが正確です。

● このようなかかり方を精密にしていったのが、チョムスキーらによる生成文法と呼ばれる文法理論です。

[4]　それでもなぜ文節なの？

　日本語は膠着語(⇒§1)ですから、文のさまざまな要素が核となる自立語を中心に集まって、音声的にも区切りが感じられるひとまとまりを作ります。これが文節です。

　このまとまりを基準に考えると、最も単純な「犬が走る」や「田中が林に数学を教える」のような文での、それぞれのまとまりどうしの関係が考えやすくなります。

　読解や作文を考えるとき、「誰が」「何を」「どうした」が重要になることから、このような文節というまとまりの考え方は重要です。特に省略されることが多い日本語では、どのような文節が省略されているかを考えていく必要があります。また、主述の一致など、文節間の関係を見ていくことで、誤った係り方を正しくすることもできます。

　一方で、文がより複雑になったとき、文節の数が増える

だけであれば関係も定義しやすいのですが、文節自体が複雑になることもあります。このとき、文節内部に目を向けないで、文節という単位にとらわれているといろいろと矛盾が出てきます。

「文節」という概念が生まれた理由を考えて、無理のない範囲でその概念を応用することが大切です。

2．主　語

[1]　主語という区別の必要性

日本語では多くの場合、主語は「〜が」で表されます。

英語の場合、主語はいつも動詞の前に来て、動詞の後に来る他の名詞とは区別されます。日本語では、格助詞をともなって「〜が〜を〜に…する」のように動詞を連用的に修飾するという点では、「〜が」も「〜を」も「〜に」も大きな違いはありません。また、語順も比較的自由ですから、「〜を〜に〜が…する」と言うこともできます。形の面からは「〜が」だけを特別扱いする理由はありません。

意味の面から考えてみましょう。「田中が走る」という場合、主語は「走る」という動作をする主体です。「空が青い」の場合には「青い」という性質をもっている主体が主語と呼ばれます。しかし、これは動作を受けるものを対象と呼び、それを目的語とすることとあまりかわりないように思われます。いずれも述語との関係のひとつです。

一方で、主語しかもたない特徴もあります。それは尊敬語です。「田中先生がお帰りになる」の場合、尊敬語は「田中先生」に対して使われているので、主語は「田中先生が」ということになります。

ただ、総じて日本語で主語を特別に扱う理由は大きくありません。

[2]　「〜が」はすべて主語？　主語はすべて「〜が」？

「主語って何？」と問い掛けられた場合、答えたくなる

のは「『が』がつく名詞」という答えではないでしょうか。確かに「犬が走る」など多くの場合、主語は「〜が」です。

主語＝ガ格の名詞であれば、わざわざ主語なんて呼ばなくてもいいのではないでしょうか。実際、主語なんかいらないという説もあります。

しかし、ガ格名詞は主語以外を表すこともあります。「これがほしい」の「これが」は目的語です。「これをほしい」と言えることからもわかります。同じように「英語がわかる」や「水が飲みたい」の「英語が」「水が」も目的語です。

ガ格以外の名詞が主語になると考える立場もあります。「田中には２人の子どもがある」の主語はなんでしょうか。主語しかもたない性質、それは主語が尊敬すべき人ならば、述語が尊敬語になることです。「田中先生には２人のお子さんがおありだ」としてみると、「おありだ」という尊敬語で尊敬されているのは、ニ格の「田中先生」だということがわかります。このことから、「ＡにはＢがある」の主語は、「Ａに(は)」と考える立場があるのです。

このように多くの場合、ガ格が主語であり、主語はガ格をとりますが、微妙にずれているところがあります。

● 「〜が」という格をガ格、「〜を」をヲ格などと呼びます。

● ただし尊敬語になる名詞が主語であるという定義自体が万人に受け入れられているわけではありません。

> 学校で主語を教えるときにニ格主語を持ち出す必要はありません。ただ、尊敬語を教えるときには、主語を尊敬すると教えますので、ニ格主語の存在を知っておくとよいでしょう。

[3] 「〜は」が主語？ 「〜が」が主語？

「は」については§5の副助詞のところで扱いますが、「が」とはレベルが違う助詞です。

	主語	非主語
主題	子どもは公園で遊んでいる	その雑誌はコンビニで買った
非主題	子どもが公園で遊んでいる	雑誌をコンビニで買った

表1　主語と主題

3. 基本文型

動詞や形容詞・形容動詞および名詞+「だ」は、文末に来て動作、変化、状態などを表す文節を形成します。このような文節を**述語**と呼びます。

文はこのような述語と必ず必要ないくつかの名詞句からなります。このような文は「〜が+述語」や「〜が〜を+述語」などのいくつかの格のパターンを形成します。このような格のパターンを**文型**と呼びます。文型は述語によっておおよそ決まっています。

● 話しことばでは文脈からわかることが省略されます。何も文脈のないところで、ないとわからない名詞句が「必要な」名詞句です。

> 英語では前置詞を必要としないものだけを基本文型として、SVOなどと決めていますが、日本語ではすべて「が」「を」「に」などの格助詞(=後置詞)を使って格が表されます。そのため、英語では前置詞 into を用いて表されるために文型に含まれない名詞句までも、日本語では「〜が〜に」が「入る」という動詞が必要とする成分として捉え、「〜が〜に入る」を文型として捉えます。英語の文型とは区別して考えます。

● 後置詞には格助詞のほか「〜のために」「〜に対して」などの複合表現があります。

名詞文はいつも「〜が」だけをとります。

[1] 動詞の文型

動詞が必要とする名詞句の数の順に格を示します。

1つ　[**〜ガ**]走る、寝る…
2つ　[**〜ガ**〜ヲ]食べる…
　　　[**〜ガ**〜ニ]話しかける…；入る
　　　[**〜ガ**〜カラ]出る…
　　　[〜ニ**〜ガ**]わかる、できる…
3つ　[**〜ガ**〜ニ〜ヲ]渡す、送る…
　　　[**〜ガ**〜カラ〜ニ]変わる
4つ　[**〜ガ**〜ヲ〜カラ〜ニ]移す

太字で示した文節が主語と呼ばれるものです。「わかる」や「できる」はニ格が主語と考えます。

2つ以上の構文を取る動詞もあります。「わかる」は「田

●「できる」は、「誰かイタリア語ができる人いる？」という場面で、「田中<u>が</u>イタリア語<u>が</u>できるって聞いたよ」と言うことがあります。このことから「〜ガ〜ガできる」という文型も考えられます。

中がよく英語がわかることはみんな知っている」のように「〜ガ〜ガ」で言うことも、「君にこの問題がわかるかな」のように「〜ニ〜ガ」で言うこともあります。

● 「吹雪く」や「時雨れる」などのようにガ格を取らない動詞もいくつか存在します。

[2] 形容詞・形容動詞の文型
1つ　　[〜ガ]美しい、きれいだ…
2つ　　[〜ガ〜ニ]詳しい、弱い、親切だ…
　　　　[〜ガ〜ガ]怖い、つらい、心配だ、苦手だ…
　　　　[〜ガ〜ト]親しい、無関係だ…
　　　　[〜ガ〜ニ／ト]等しい、同じだ、平行だ…

● また「〜の世話をする」「〜の面倒を見る」のように、対象を「の」で表す表現もいくつかあります。

> 日本語では、最初の成分の多くは「は」で主題化されます。特に形容詞や形容動詞の文では、最初のガ格は「この絵は美しい」のようにふつう「は」で取り立てられます。このような場合、「この絵が美しいことはだれでも見ればわかる」のように「こと」の節の中に入れてみます。従属節の中には主題の「は」は入れませんので、元の格があぶりだされてくるというしくみです。

4. 語　順

文の成分はある一定の順序で並べられます。日本語は語順が比較的自由な言語ですが、まったく自由だというわけではありません。

[1] 基本語順
日本語では次のような基本的な語順があります。
「ねえ、きのう　学校で　太郎が　花子に　ラブレターを　渡したよ。」

①	呼びかけ・感動詞等	ねえ、
②	時間、場所	きのう、学校で
③	主語	太郎が
④	動作の受け手	花子に

33

⑤　動作の対象　　　　　　　　ラブレターを
⑥　述語　　　　　　　　　　　渡したよ。

③～⑥は基本文型に示した順序をとります。

●副詞の語順については§7で詳しく見ます。

「ねえ」のような呼びかけは、文の最後に置かれる終助詞「よ」と呼応しながら、発話全体を聞き手に差し出す包装紙のような役割を果たしています。

また、時を表す「きのう」は、やはり過去の助動詞「た」と呼応して、菓子箱のように中身である出来事を固定しています。

つまり、次のような層状になっているのです。

ねえ、 きのう 学校で 太郎が 花子に ラブレターを 渡し た よ。

日本語がこのような語順をとるのには、わけがあるのです。

[2]　基本語順を破る場合

基本語順を破る場合は次のような場合です。

① **主題化**：前に話題になっていることに関連づけて言う場合にはその要素を前に出します。たとえば「この本、どうしたの？」「その本は、おじさんが買ってくれたの」のように、前に話題として出ているヲ格の「本」は主題化されて前に出ます。

② **倒置法**：「早く行こうよ、遅れてるんだから。」や「うまいねえ、この酒。」のような命令・依頼などの働きかけや主観的判断を述べる場合には、そのような話し手の考えを先に述べて、それに付随する要素を後から述べることがあります。

●倒置法の場合、「うまいねえ、この酒。」は「この酒はうまいねえ。」のように一文と考えます。そのため、倒置されて後ろに置かれた要素の前はふつう読点「、」です。

③ **強調構文**：文脈上、すでに話に出てきている部分を取り立てて主題化し、それに解説を加えるのが強調構文です。用言が強調される場合、「そこに置いてあるのは僕の本です。」のように「[X以外の文成分]のはXだ。」で表します。

この構文は「小鳥が3羽います。そこへ2羽来て1羽飛び立ちました。残っている<u>の</u>は何羽でしょう。」のような「〜のは」の後に疑問詞が来る用法としてもよく用いられます。

●「何羽(が)残っているでしょう。」が基本語順です。

[3] 関係を明示する必要性

1つの文に2つ以上の述語が含まれ、修飾－被修飾の関係を明示する必要がある場合、修飾する語は被修飾語の直前に置きます。

たとえば「昨日、買った本を読んだ」は、「昨日買った」のか「昨日読んだ」のかわかりません。後者であれば「買った本を昨日読んだ」のようにしたほうが、かかり方がはっきりします。

●話しことばの場合には、ポーズを入れたりプロミネンス(p.53参照)と呼ばれる卓立を「買った」に置いたりして、「昨日」が「読んだ」を修飾することを明示します。

> 日本語は語順が比較的自由だという考え方から作文でも語順の指導が十分にされないことがあります。しかし、[2]の①〜④に示した発信者(書き手と話し手)の意図がある場合を除き、[3]に示したように修飾－被修飾の関係を明確にしながら、基本語順で書くと、読みやすい文章が書け、話もわかりやすくなるはずです。

§3. 文の組み立て

> ### もう一歩進んで考えてみよう
>
> (1) 「日本語を勉強した」や「日本語の勉強をした」と言うことはできますが、「日本語を勉強をした」と言うことはできません。その理由を文型という観点から説明してください。
>
> 　その上で「道を本を読みながら歩く」「何を馬鹿なことを言っているんだ」が不自然ではない理由も考えて下さい。
>
> (2)　昔話で「昔々、あるところにおじいさんとおばあさんがいました。」と語り始めるのと、「あるところに、昔々〜」と話し始めるのではどちらが自然に聞こえますか。そのわけを考えてみましょう。

教科書ではこんな風に扱われています。

～文の骨格～

文型という考え方は文の骨格を見るために有用です。

やたらと修飾語がついた文では、「何が言いたいのか」を知るために、文型を探してみます。

(1) クジラの聴覚は大変に発達している。自分の発したクリックが周りの物に当たり、はね返ってくるのを聞くだけで、それがどのくらいの大きさなのか、何でできているのか、また、止まっているのか動いているのかなどが<u>わかるのだ</u>。(光村図書『国語1』中島将行「クジラたちの音の世界」)

この文の2文目の述部は「わかるのだ」です。「わかる」はふつう「私<u>に</u>彼の気持ち<u>が</u>わかる」という文型で使われます。この「気持ち」にあたる部分が(1)では「それがどのくらいの大きさ～動いているのかなどが」と長くなっていますが、基本的には単純な文です。逆にこの文では「クジラに(は)」が省略されていることも文型を考えることでよくわかります。

もう1つ例を見ておきましょう。学校図書『みんなとまなぶ しょうがっこう こくご 1ねん上』には次のような文が見られます。

(2) これは　かえるの　うしろあしです。
　　うしろあしの　ゆびの　あいだには、みずかきが　ついて　います。
　　だから、(φは)みずの　なかを　すいすいと　およぐ　ことが　できます。

第3文では「およぐことができる」主体が省略されています。しかし、だれも不自然な文だとは思いません。「およぐ」が「～がおよぐ」という文型をとることから、「かえる」という主体が復元できるからです。

日本語は、文型を手がかりにした推論を利用することによって、代名詞などを<u>立て</u>なくても、わかりきった名詞を省略していく言語なのです。

§4. 格助詞

おもに名詞につき、それがつく語と文中のほかの語句との関係を表す助詞を**格助詞**といいます。学校文法の格助詞は主語、連体修飾語、連用修飾語、並立語という4種類の文節間の関係を示す10形式です。

● 主語：<u>鳥が</u>飛ぶ
連体修飾語：<u>本の</u>表紙
連用修飾語：<u>本を</u>読む
並立語：<u>本と</u>ノート

● 格助詞の細かい用法については、必ずしも統一されてはいません。ここでは一般的な格助詞のまとめ方を示しておきます。

助詞	意味	例文
が	①主語を表す	花が咲く、
	②対象語を表す	これがほしい
の	①連体修飾語	来年の春
	②主語	僕の持っている本
	③並立	行くの行かないのと悩んでいる
	④体言化	読むのが遅い
を	①動作・作用の対象	本を読む
	②動作の場所	ろうかを走る
	③動作・作用の起点(出発点)	学校を出る
に	①場所・時・帰着点	机に置く、7時に起きる、駅に着く
	②変化の結果	信号が赤になる
	③動作の目的	買い物に行く
	④受身・使役の動作主	親に叱られる、子どもに勉強させる
	⑤強意	走りに走る
	⑥並立	国語に数学に英語の試験がある
へ	①動作の方向	家へ急ぐ
	②動作の帰着点	学校へ着く
と	①共同の相手	母と買い物にでかける
	②動作や作用の結果	努力が泡と消える
	③引用	来ると言った、行くと思う
	④並立	本とノートをもらう
から	①動作・作用の基点	兄から本をもらう、見てから寝る
	②動作・作用の原因・理由	火の不始末から火事になる
	③材料	ワインはぶどうから作る
より	①比較の基準	田中さんより背が高い
	②限定(比較を伴う)	練習するよりほかはない
で	①場所	運動場で遊ぶ
	②手段・材料	電車で行く、紙で人形を作る
	③原因・理由	かぜで学校を休む
	④時限	60才で退職する
や	並立	電車やバスが多く通る

●「家<u>へと</u>急ぐ」の「へと」は動作の方向を表す「へ」とほぼ同様に用いられる複合形式です。

●「会場<u>にて</u>待ち合わせる」などの「にて」は文体はかたいですが「で」と同じ用法をもちます。

> **こんなことを考えてみましょう**
> ① 「から」は格助詞なのに「まで」が格助詞じゃないのはなぜ？
> ② 「の」は格助詞に入らないという人もいるけど、どうして？
> ③ 「に」も「で」も場所を表すけど、どう違うの？

1. 学校文法の格助詞、ここが疑問！

[1] 文節間の関係と格助詞

学校文法でいう格助詞は、「主として体言について、それが文中の他の文節に対してどんな資格(関係)であるかということを示す」ものと説明がされます。

すでに§3でも見たように、「文中の他の文節」に対する関係については、連体修飾、連用修飾、並立を区別することが重要です。

●独立の関係を表す格助詞はありません。

この点から p.38 の助詞を分けると次のようになります。

広義の格助詞 ｛ 用言との関係を表す助詞＝狭義の格助詞
　　　　　　　　が、を、に、へ、と、から、より、で
　　　　　　　他の名詞との関係を表す助詞 ｛ 連体修飾：の
　　　　　　　　　　　　　　　　　　　　　並立：と、や

最近の日本語研究では、格助詞といえば、連用修飾に用いられる狭義の格助詞を指します。

[2] 「と」と「まで」は格助詞なの？

やっかいなのが「と」です。

「と」には連用修飾と並列の2つの用法があります。「僕は彼とテニスをした」の場合の「彼と」は、「テニスをした」にかかるので連用修飾ですが、「僕と彼は仲がいい」の場合の「と」は並立関係を表します。これらは、狭義の格助詞の「と」と並立助詞の「と」に分けて考えます。

学校文法では「まで」は格助詞に含まれませんが、「まで」も連用修飾を表すことがあります。「学校から家まで歩いた。」の「まで」です。このような「まで」は、「か

●連用修飾の「と」はさらに、相手が必ず必要な場合とそうでない場合とに分けられます。前者は「～と結婚する、試合をする、競争をする、話をする」などで、後者は「～と映画を見に行く、学校へ行く」など一人でもできる動作です。

後の方の「と」は「といっしょに」で言い換えても意味は変わりません。

§4. 格助詞

ら」とセットで使われることからもわかるように、「歩く」という動詞との関係を表しています。これを格助詞に入れなかったのは、学校文法の大きな間違いの1つです。

学校文法で「まで」は一括して副助詞とされます。基本として、学校文法での助詞の分類は、1つの語形を主たる用法によってどこかに配置してしまい、他の用法を従たるものとしてその中に入れてしまおうという考え方です。つまり形を優先、働きは二の次ということです。この利点はすべての助詞が基本的にはひとつの助詞の分類に収まることですが、一方で副助詞に格助詞的な働きをもつものがあるなど、働きの点から見ると説明しにくいことがあります。

実際にどうやって使われているかを考えるときには、働きに着目して分けたほうが有利です。

[3]　「雨の降る日」の「の」は格助詞？

「の」も狭義の格助詞に含まれるのでしょうか。

確かに「雨の降る日」の「の」は主語を表します。しかし、主語になるのは名詞修飾節（⇒§7）という特殊な環境だけのことで、「× 雨の降る。」とは言えません。

「雨の降る日」は「雨の日」と近い意味をもちますので、「の」は基本的に連体修飾を表すと考えればよいでしょう。

> 連用修飾、連体修飾、並立という文節間の関係を表す助詞すべてを格助詞と呼ぶか、そのうち連用修飾を表す助詞だけを格助詞と呼ぶかは、立場によって違います。単なる分類ではなく、どのような文節間の関係を表すかを考える指導が肝要です。

2. それぞれの格助詞（狭義）の用法

名詞に続き動詞など用言との関係を表す狭義の格助詞には「が」「を」「に」「へ」「で」「と」「から」「より」「まで」の9つがあります。

● 「と」と同じように「に」も「国語に数学に英語の試験がある」といった並立の意味もありますが、この用法はやはり非典型的です。

● 副助詞の「まで」とは「子どもにまで笑われた」のような「まで」です。これは§5で詳しく見ます。

● 室町時代ごろまで、「の」と「が」は連用修飾か連体修飾かで厳密に使い分けられてはいませんでした。今でも九州など一部の方言では「雨の降る。」のような言い方があります。一方で「君が世」のような「の」に相当する「が」も決まったことばの中では見られます。

それぞれの用法をここでまとめておきます。

が	①動作・状態の主体 ②感情の対象	太郎が走る、空が青い 読書が好きだ
を	①対象 ②経過する場所／時間 ③出どころ ④視覚動作の方向	釘を打つ、彼女を愛する 川を渡る／夏休みを海外で過ごす 大学を出る 下を向く、彼の方を見る
に	①対象 ②存在場所 ③時間 ④到着点／受け手／ 　変化結果 ⑤方向 ⑥出どころ ⑦割合の分母	壁にもたれる、人に話しかける 庭に池がある 5時に起きる、7時までに帰る 学校に行く／妹に本をやる／ 信号が赤に変わる 大阪に向かう 父に本をもらう 3日に1度、50人に1人
へ	①到着点 ②方向	京都駅へ着く 大阪へ向かう
で	①動作場所 ②材料 ③手段・道具 ④原因・理由 ⑤範囲 ⑥限界点 ⑦まとまり ⑧内容	図書館で勉強する 木で人形を作る パソコンで書類を作る 大雨で電車が止まる 1時間で仕事を終える 6時で店を閉める おおぜいで夕食を食べる 留学のことで先生に相談する
と	①共同動作の相手 ②異同の対象	田中さんと映画を見に行った 本物と似ている、本物と違う
から	①起点 ②材料 ③変化前状態 ④判断の根拠 ⑤遠因	家から駅まで歩く、朝から晩まで 友人から聞いた話 しょうゆは大豆から作られる 信号が青から黄色に変わる この結果から考えて たばこの不始末から火事になる
より	比較の対象 から①〜⑤の用法	大阪は名古屋より大きい
まで	着点	家から学校まで歩く 朝から晩まで働く

表1　狭義の格助詞の形式と用法

「買い物に行く」の「に」は、「買いに行く」のように動詞の連用形につく接続助詞と考えます。

「の」「や」「と」「に」については4節以降で扱います。

このほかに「に対して」「によって」など、複数の「語」が複合してひとつの格助詞相当の意味をもつものもあります。このような複合形式を**複合格助詞**と呼びます（⇒ p.48-49に一覧表）。

●受身や使役、また「〜たい」「〜ぱなし」のように用言にほかの助動詞などがついて格が変わることがあります。この場合、格助詞は名詞と用言との関係を純粋に表しているとは考えられませんので、左の表には含めません。

たとえば「田中が先生にほめられた」の「に」に動作主という用法を認めるならば、同時に「が」にも動作の受け手という用法を認めなければ不徹底です。

●「にて」、「とて」、「へと」は、複数の助詞が組み合わさった、格助詞相当の連語です。

●「について」は英語でaboutのように前置詞一語で表すこともできます。日本語ではたまたま複合形式になっているだけなのです。

このような英語などの前置詞に対して、日本語の複合格助詞まで含めて**後置詞**とする考えもあります。

3. 似た意味をもつ格助詞の使い分け

　格助詞の表には、意味のところに似たものがいくつか見あたります。外国語としての日本語学習では、これらの使い分けが問題になります。重要なものを見ていきます。

[1] 出どころの意味をもつ「を」と「から」
　「家を出た」と「家から出た」は両方とも家という場所から離れたことを表していますが、微妙に意味が違っています。
　「を」は意図的に離れる起点として「家」がありますが、「から」は「家の中から外へ」という境界線を越える点に着目しています。「家出」の意味では「家を出る」を使いますが、火事の避難では「家から出る」を使います。

[2] 場所を表す「に」「で」
　「隣の部屋にある」と「隣の部屋で遊ぶ」のように「に」と「で」は場所を表す名詞につきます。
　「に」は「ある」「いる」など存在を表す動詞の存在場所を、「で」は動作を表す動詞の動作場所を表します。「住む、滞在する」などは存在を表す動詞です。

[3] 方向や帰着点を表す「に」「へ」
　「に」と「へ」は古い日本語では方言差だったようです。現代日本語の共通語では実質的な意味の差はありません。
　ただ、着点への残存が含意される場合「バスへ乗る」「壁へ貼る」よりは「バスに乗る」「壁に貼る」のほうが言いやすく感じられますが、どちらも使えるという人も多くいます。

[4] 対象の出どころを表す「に」「から」
　「先生にもらう」と「先生からもらう」は同じ意味をもちます。このような動詞には「聞く、教わる」など動作

●英語などでは存在の場所と動作の場所が区別されません。

●古くは「ロンドンに遊ぶ」のような言い方もあります。

●「京へ筑紫に坂東さ」ということばがあります。これはもともと方向を表す格助詞として、京都を中心とした近畿地方で「へ」が、九州で「に」が、関東で「さ」が使われていたことを表しています。

の受け手の側からの表現を表す動詞があります。「みんな<u>に／から</u>愛される」のような受身文や、「両親<u>に／から</u>みかんを送ってもらう」などの補助動詞文でも、同じように出どころを「に」と「から」の両方で表すことができます。

> 「千円<u>から</u>お預かりします」がよく問題になりますが、「預かる」はヲ格名詞をとる他動詞なので、この「から」も対象の出どころを表す格助詞と考えることができます。つまり、「千円から代金を預かる」という文型が根底にあるのです。しかし、「代金」は「いただく」ものであって「預かる」ものではないので奇異な表現になるのです。

[5] 原因・理由の「で」「に」「から」

「かぜ<u>で</u>学校を休む」「知らせ<u>に</u>驚く」「火の不始末<u>から</u>火事になる」の「で」「に」「から」は原因・理由を表します。

「で」は最も一般的な原因・理由です。

「に」は「驚く」「がっかりする」「喜ぶ」など感情の変化を表す動詞や「ざわめく」「大声を上げる」などその感情によって引き起こされた動作が後ろに来ます。

「から」は、「タバコの火の不始末<u>から</u>大火事になる」など、「AからBになる」という変化が根底にあります。

[6] 結果を表す「に」と「と」

「親<u>に</u>なる」「親<u>と</u>なる」のように「に」と「と」のどちらを使っても変化の結果を表すことができます。「と」は「に」よりもやや硬い文体で用いられます。

変化を表す動詞でも「する」のような他動詞の場合、「氷を水<u>に</u>する」は言えても「×氷を水<u>と</u>する」は言いにくく感じられます。また、自動詞の中にも「変わる」のように「×信号が赤<u>と</u>変わる」のように言えない場合もあります。

[7] 動作の対象を表す「を」「に」

動作の対象を表す場合、「殴る」「愛する」のように

● イタリア語やフランス語の古語に当たるラテン語でも、着点を表す与格と出どころを表す奪格は同じ形を取るのが一般的でした。

●「預かる」が「頂く」の意味で用いられていると考えれば、「千円から代金を預かる」も文法的です。しかし、ちょうどの場合はいずれにしても説明がつきません。

● どのような格（助詞）を取るかは言語によって違います。「勝つ」にあたる英語の win は他動詞ですし、「似る」は韓国・朝鮮語では「〜を似る」のような言い方をします。

§4. 格助詞

> ●学校文法をはじめ国語学ではヲ格を取る動詞だけを他動詞と考えることが多いですが、最近では外国語との対照から、どのような格の名詞をどのような順序でいくつ配置するかという文型という考え方も使われるようになりました（⇒§3）。

「を」を取る動詞と、「もたれる」「話しかける」「似る」「勝つ」のように「に」を取る動詞があります。

一般的に「を」は直接的に動作が相手に及ぶ場合に使い、「に」は間接的に動作が向かう方向を表す傾向があります。

4.「の」

[1] 名詞と名詞を結ぶ「の」～連体助詞

「の」は連体修飾語とありますが、具体的にはいったいどのような意味をもっているのでしょうか。

多くの説明で見られるのは**所有**という考え方です。「私の本」は典型的な所有です。「私の妹」「学校の前」「歴史の本」なども広い意味での関係の所有と捉えることができます。

「モネの絵」は「モネが描いた絵」「モネを描いた絵」「モネの持っている絵」などの意味の中から文脈によって「モネ」と「絵」との関係が決まります。広い意味ではやはり関係の所有でしょう。

「夏の海」「田舎の両親」「病気の人」などは、前の名詞が後ろの名詞を**限定**しています。「夏の海」「田舎の両親」は「夏」という時期や「田舎」という場所に限定された「海」や「両親」などです。「病気の」「ピンクの」などは「×病気い」「×ピンクい」といった形容詞が日本語に偶然ないだけで、後ろの名詞の性質を表す点では形容詞と同じ働きをしています。

> ●たとえば英語では'sick'と'pink'はいずれも形容詞で、直接、名詞を修飾します。

「会長の田中氏」と「バラの花」はどちらも**同格**と呼ばれ、前の名詞と後ろの名詞は同等です。違いは「会長の田中氏」は「田中氏」を、「バラの花」は「バラ」を言いたいときに使うことです。

[2]「での」「からの」「への」～格助詞＋「の」

> ●英語などの前置詞は、動詞にも名詞にも係っていく性質をもっています。

日本語学習者の作文で次のような文をよく見ます。
① ×図書館で勉強は疲れました。
② ×両親から手紙をいっしょうけんめい読みました。
③ ×アメリカへ旅行は楽しかったです。

「で」「から」「へ」などの格助詞は用言に係っていく連用修飾語ですから名詞を修飾することはできません。「図書館で勉強する」「両親から手紙をもらう」「アメリカへ旅行する」のような用言にかかる場合は単独で使えますが、体言を修飾する場合には「図書館での勉強」「両親からの手紙」「アメリカへの旅行」のように「の」を入れて連体修飾であることを表さなければなりません。

ただし、「が」と「を」の場合、「×モネがの絵」「×風景をの写真」とはならず「の」だけで表します。「に」は「×学校にの連絡」ではなく「学校への連絡」と「に」の代わりに「へ」を使います。

[3] 名詞の代わりの「の」～準体助詞

「の」には「それのついた語を体言と同じ資格にする」用法があります。このような「の」を**準体助詞**といいます。準体助詞の「の」は「みんな一冊ずつ本を買った。ぼくのは小説だった。」のように、前に出てきた名詞（この場合は「本」）の代わりに使われます。

この「の」は前にどのような品詞のことばが来るかによって、2通りに分けることができます。

名詞に続く場合　　　僕 の は
用言に続く場合　　　赤い / きれいな / 買った の は
名詞の場合にだけ、後ろの名詞を省略しています。

●名詞に続く場合を**下略の「の」**、その他の場合を狭義の準体助詞の「の」と考えることもあります。

5. 並立を表す「と」「や」「に」

並立を表す「と」「や」「に」は文のある成分を2つ以上並べて表す働きをもっています。他の格助詞のように用言を修飾する働きをもたないため、格助詞とは分けて考え**並立助詞**と呼ぶことがあります。

「と」は最も一般的な並立を表す形式です。「テーブルの上にはリンゴとみかんがある」と言った場合、「その他に特に類するものはない」ことも表しています。

§4. 格助詞

●「の」にも並立を表す用法があるとされますが、節を受けるなど広義の格助詞とは異なる働きをもちます。

●「と」のように候補すべてを述べる方法を**全部列挙**、「や」のように候補の一部を特に取り上げる方法を**部分列挙**といいます。

●この場合は接続助詞の「し」を使って、「医者だし弁護士だ。」などとします。

　「や」は他に何かある場合にも使えます。「テーブルの上にはリンゴやみかんがある」では、他にバナナなどがあることもあります。多くは「リンゴやみかんなど」のように副助詞「など」を伴います。

　「と」や「や」は名詞につきますが、英語のandと同じように「×あの人は医者と弁護士だ」のように言うことはできません。これは名詞述語の「医者だ」と「弁護士だ」を並立させたものだからです。

　「に」は「明日は数学に国語のテストがある」のように、1つのものに他のものを付け加える、いわゆる累加の働きをします。「数学と国語のテスト」と言ってもほとんど同じですが、「に」のほうが思い出しながら追加しているニュアンスがあります。「に」は他に「柳に幽霊」「月に雁」のように取り合わせを表す場合にも使います。

🎯 もう一歩進んで考えてみよう

(1) 「負けるが勝ち」「そんなに行きたいなら行くがいい」のように動詞が「の」以外の格助詞に直接続いていくことがあります。どのような場合でしょう。

(2) 中国語や韓国・朝鮮語の母語話者は、「に対して」と「にとって」をよく混同して次のように言います。
　　a. ×この本は私に対して大切です。
　　b. ×先生は学生にとって厳しい。
　　これらの誤用例を参考に「に対して」と「にとって」の違いを説明してみてください。

(3) 「寝る」は動作を表しますが、「隣の部屋に寝ている」のように場所を「に」で表すこともあります。同じような動詞を集めて、どのような動詞がどのような場合に「に」をとるのか考えてください。

教科書ではこんな風に扱われています。

〜格助詞の省略〜

格助詞の中で「が」「を」と、到着点や移動の方向を表す「に」は頻繁に省略されます。このような省略は話しことばで多く見られますが、小学校の教科書では非常に早い段階から現れています。「φ」は省略された格助詞を表します。

(1)　かっぱφ　ころんだ　ねっこが　あった
　　　かっぱφ　おこって　はらっぱφ　はしった
　　　それを　みて　いた　こっちの　かっぱ
　　　　　　　　　　　　　　　　　（東京書籍『あたらしいこくご 一(上)』）
(2)　ともだちφ　いるぞ、いっぱい　いるぞ。
　　　　　　　　　　　　　　　　　（光村図書『こくご一(上)』）
(3)　ねこが　いっぴき　はらっぱφ　はしる。
　　　ねっこφ　とびこえ　ばったと　かけっこ。
　　　　　　　　　　　　　　　　　（光村図書『こくご一(上)』）

(1)では「かっぱがころんだ」と「かっぱがおこって」の「が」、および「はらっぱをはしった」の「を」が省略されています。同様に(2)は「が」が、(3)は「を」が省略さています。このように声に出しリズムに乗せて読む場合には、省略されたほうが自然なのです。

しかし、国語の教科書では、むしろ省略されているほうが少数派です。小学生のせりふで「あっ、電気がついた！」や「熱を出したんだって」のように「が」「を」をつけて言うことは、自然な話しことばという観点からは奇異に感じられます。

声に出したときの自然さと、根底にある文型という考え方のバランスをとることが重要です。

§4. 格助詞

複合格助詞の一覧表

　格助詞と似た働きをする複合形式である複合格助詞の中で主だったものを挙げておきます。

　おおよその意味で分けてありますが、ほかの意味をもつ形式もあります。格助詞は通常、体言につきますが、ほかに一部用言につくものもあります。用言につくものは「用」(「の」を介さず用言につくものは「(用)」)と記してあります。

形　式	接　続	意　味	例　文
にとって	体	感情・感覚の主体	僕にとって君は太陽だ
とともに	体	相手	田中とともにテニスをした
について	体	対象	環境問題について講演した
に関して	体	対象	環境汚染に関して詳細に報告する
に対して	体	対象	農林水産省の対応に対して批判が相次ぐ
をめぐって	体	対象	人事をめぐって紛糾した
にむけて	体	目的	選手たちは大会にむけて練習している
をめがけて	体	目的	的をめがけて矢を放った
からして	体	起因(判断の根拠)	外見からしてまずそうな料理だ
だけあって	体／用	原因・理由	大学の先生だけあって博学だ
だけに	体／用	原因・理由	名家だけにしきたりが厳しい
とあって	体／用	原因・理由	横綱とあって強力だ
にかこつけて	体	原因・理由	台風にかこつけて授業をさぼった
にして	体	原因・理由	あの親にしてこの子あり
につき	体	原因・理由	14日は棚卸しにつき休業
によって	体	原因・理由	その患者は肺結核によって亡くなった
のおかげで	体／(用)	原因・理由	先生のおかげで試験に合格した
のせいで	体／(用)	原因・理由	寝坊のせいで試験に遅れた
のために	体／(用)	原因・理由	風邪のために学校を休んだ
でもって	体	手段	ホチキスでもって原稿をとめる
によって	体	手段	その岩は大きな重機によって動かされた
をもって	体	手段	拍手をもって迎える
によって	体	受身文の動き主体	問題は試験官によって配られた
を通じて	体	経過域	事務所を通じて抗議文を送る
において	体	場所	卒業式は体育館において行われます
でもって	体	範囲	7時でもって店を閉める
にかけて	体	範囲	数学にかけて彼の右に出るものはない

にかけて	体	範囲	関西から北陸にかけて大雨が降る
にわたって	体	範囲	大会は3日間にわたって開かれた
をはじめ	体	範囲	町内会の人をはじめ大勢が集まった
をもって	体	範囲	これをもって私の話を終わります
に先立って	体／用	時間(前)	出発に先立って資金を用意した
に臨んで	体／用	時間(前)	卒業に臨んで最後の作品を仕上げる
をひかえて	体	時間(前)	大学受験をひかえて緊張していた
を前に	体	時間(前)	結婚を前にゆううつな気分になる
を目前に	体	時間(前)	卒業を目前に帰国することになった
にして	体	時間(同時)	四十にして初めてのスキー
と同時に	体／用	時間(同時)	ゴールと同時に倒れ込んだ
の際(に)	体／(用)	時間(同時)	離陸の際、少し揺れた
の折(に)	体／(用)	時間(同時)	帰国の折、世話になった人にお礼をした
につけて	用	時間(同時)	それを見るにつけて思い出される
にあたって	体／用	時間(同時・直前)	二人の門出にあたって祝辞を述べる
にいたって	体／用	時間(同時・直前)	式にいたって花婿がいなくなった
におよんで	体	時間(同時・直前)	この期におよんで何を言うか
に際して	体／用	時間(同時・直前)	出発に際して一言申し上げます
とともに	体／用	時間(同時・推移)	ゴールとともに倒れ込んだ
にしたがって	体／用	時間(同時・推移)	輸入の増加にしたがって黒字が増えた
につれて	体／用	時間(同時・推移)	輸出の増加につれて黒字が増える
にともなって	体／用	時間(同時・推移)	消費の増大にともなってごみも増えた
について	体	割合・対応	1枚について5人まで入場可
によらず	体	割合・対応	だれかれによらず結婚を申し込む
に応じて	体／用	割合・対応	金額に応じて返金する
に対して	体	割合・対応	一人に対して一万円が支払われる
によって	体	対応	季節によってカーテンの柄を換える
にもまして	体	基準	今日の彼女はいつにもましてきれいだ
をおいて	体	除外	委員長には彼をおいて他にない
にかわって	体	代替	病気の父にかわって挨拶をした
として	体	役割・資格	教師としてはまだ半人前だ

- 接続助詞や副助詞に相当する複合形式は基本的に含めてありませんが、原因・理由を表す「だけあって」や「だけに」「とあって」は接続助詞とも考えられます。
- 「〜にとって」に対する「〜にとり」のように、連用形による形をもつものもあります。

§5. 副助詞

名詞やその他の語について、さまざまな意味を添える助詞を**副助詞**といいます。学校文法の副助詞は次の16形式です。

助詞	意味	例文
は	①主題 ②対比	今年の夏は暑い 私は行きません
も	①並立 ②意外さ ③数量の見積もり ④婉曲	それは辞書です。これも辞書です。 本も辞書もほしい 30人も来た／さすがの彼も怒った 100メートルも歩けば駅に着く 夜も更けてきました
こそ	強調（際立たせ）	来年こそ勝つぞ
さえ	①極端な例のとりたて ②限定	頭のいい田中さんさえわからない この問題に答えさえすればいい
でも	①極端な例のとりたて ②例示	犬でも食べないほどまずいごはん お茶でも飲みましょう
しか	限定（下に否定語が来る）	あと十分しか時間がない
まで	①意外な要素の付け加え ②限定	犬にまでばかにされた 許してもらえないなら勝手にするまでさ
ばかり	①限定 ②おおよその数量	テレビばかり見ている、来たばかり 図書館に3人ばかり人がいた
だけ	①限定 ②おおよその程度	五百円だけ持って買い物に行く これだけ言えばわかるだろう
ほど	おおよその程度	百円ほどある、これほど言っても聞かない
くらい	①おおよその程度 ②最も高い可能性の提示	同じ本を3回くらいは読みなさい 返事ぐらいしなさい
など	①例示 ②当然	イタリアでピザなどを食べました 目玉焼きなど僕にも作れる
きり	限定	一度きりの学生生活
なり	①例示 ②どれと決まらない並列	せめてひとこと断る**なり**するべきだ 行く**なり**行かない**なり**早く決めろ
やら	①不確か ②並立	彼はいったい何が言いたかったの**やら** 悔しい**やら**情けない**やら**でだまっていた
か	①不確か ②並立	どこかへ行きたいなあ 行くか行かないか決められない

●現代語の副助詞の中には古典語の係助詞も含まれますが、現代語では係り結びがありませんので、ここでは係助詞ということばは使いません。日本語研究では、ふつう、**とりたて(助)詞**といいます。

●副助詞についても、細かい用法は必ずしも統一されてはいません。ここでは一般的な副助詞のまとめかたを示しておきます。

ほかに「行けだの行くなだの勝手な意見を言う」の「だの」を挙げるものもあります。

●「家までたどり着いた」の「まで」は格助詞(⇒§4)です。

●「くらい」と「ぐらい」はどちらも用いられますが、名詞に続くときには「ぐらい」が多く、数量につくときには「くらい」が多いようです。ここでは「くらい」で代表させておきます。

> **こんなことを考えてみましょう**
>
> ① 副助詞と格助詞は文の中での働きの点でどのように違うの?
> ② 「私はいつも5時に起きます」の「私は」は主題? 対比?
> ③ 同じ限定なら「米だけ食べる」と「米しか食べない」は同じ?

1. 副助詞と格助詞のレベルの違い

　副助詞は、名詞にも続く点で格助詞との見分け方が難しく感じられることがあります。

　副助詞と格助詞は、一言で言えばレベルが違い、具体的なイメージはつぎのようなものです。

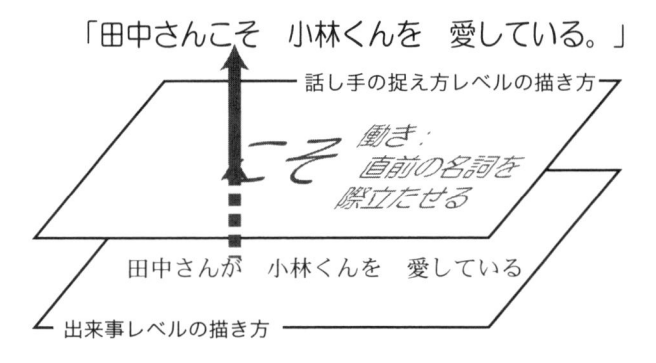

「田中さんこそ　小林くんを　愛している。」
話し手の捉え方レベルの描き方
こそ　働き：直前の名詞を際立たせる
田中さんが　小林くんを　愛している
出来事レベルの描き方

●「の」など名詞と名詞を結ぶ助詞はここでは格助詞から除外して考えます。

●格助詞のような述語に対する関係を統合的な(syntagmatic)関係、副助詞のような他の名詞との選択的な関係を連合的な(paradigmatic)関係と言います。
　「こそ」は、他者との比較で「田中さん」を選択的に捉えています。

　格助詞は出来事のレベルで、語と語の関係を表します。「が」や「を」は「愛している」という述語に対して常に一定です。「田中さん」と「小林くん」を入れ替えたら意味が変わってしまいます。

　それに対して副助詞は話し手の主観レベルで働きます。副助詞の「は」「こそ」「だけ」などは話し手の捉え方でフィルターが選択され、意味を付け加えます。話し手の主観を経なければ、もとの格助詞がそのまま表されます。

　「田中さんこそ小林くんだけ愛している」と言っても「田中さんだけ小林くんを愛している」と言っても、「田中さんが小林くんを愛している」という事実には変わりあり

●「この教室では受験番号101番<u>から</u>200番<u>まで</u>が受験します。」のような範囲を表す「から」と「まで」を**順序助詞**ということもあります。順序助詞は話し手の主観を含みませんが、連合的な関係を表す助詞です。

51

ませんが、話し手が伝えたい捉え方が変わるのです。

> レベルの異なりを示すためには、次のような方法が有効です。まず、「田中さんが小林くんを愛している」などの文を黒板に書きます。そして「は」や「こそ」など副助詞を書いたカードを作り、格助詞の「が」や「を」の上に貼り付けてみます。できあがった文の意味の違いを確かめさせてみるとよいでしょう。

2. 主題と対比

「は」には、それについて何かを述べるという意味での**主題**と、何か他のものと比べるという意味の**対比**という2つの用法があります。

●主題は題目とも呼ばれます。また、対比は「ほかと区別して特に取り出して言う用法」などと説明されることもあります。

[1] 主題

主題とは、聞き手が知っていると話し手が考える名詞です。それについて新しく情報を付け加えたり求めたりするときに、主に文頭に置いて用いられます。

聞き手が知っているものというのは次のような場合です。
① すでに話の中に出てきた人やもの
　例　昔々、おじいさんとおばあさんがいました。ある日、おじいさんは山へ柴刈りに行きました。
② 話の場にいる人やあるもの
　例　私は山田です。これは何ですか。
③ 一般にだれでも知っている人やもの
　例　くじらはほ乳類です。地球は公転している。

ほかに、「山田さんはだれですか」や「駅はどこですか」のように、後に疑問詞が続く場合にも、「山田さん」や「駅」について尋ねますよという意味で「は」で主題化します。

主題の「は」は初めて話の中に出てきた人物やものにはつきません。特に「あっ、バスが来た」や「おや、雨が降っている」など、文全体を新しい情報として述べる場合

●「山田さんはだれですか」の答えの「私が山田です」のような「が」を**総記**の「が」といいます。これは、「山田は私です」の裏返しの表現です。

●「バスが来た」のような「が」を**中立叙述**の「が」といいます。

には「は」をつけないで格助詞をそのまま出して言います。

主題を表す形式には「なら」「とは(というのは)」「については」などもあります。これらは副助詞には入れられませんが文の中での働きは主題の「は」に近いものです。

「なら」は相手の発言に対して「田中くんなら図書館にいるよ」と話し手の知識や考えを述べる場合に使います。「とは(というのは)」は聞き手が知らないだろうと話し手が考える人物やものを提示する場合に使います。ふつう文末は名詞文です。「については」は何かについて述べたい場合に使います。「成績についてはご両親に面談で伝えます」は「成績は〜」と言い換えても大きな違いはありません。

●広く捉えると接続助詞を使った「ねえ(/さて)、〜(のこと)だけど」なども主題を表す形式と考えることができます。

> 主題は通常、1文に1つです。児童の作文では、「運動会では僕はリレーは楽しかった。」のように「は」が繰り返されることがありますが、これでは何について述べたいのかわかりません。「運動会」について述べたければ、「運動会ではリレーが楽しかった」としますし、「リレー」について言いたいのであれば、「運動会のリレーは楽しかった」のようにします。「僕は」は「僕」について述べたいのでもなければ、述語と連用修飾の関係ももたないので削ります。

[2] 対比

主題はそれについて述べることを表す形式ですから、通常、文頭に置かれます。この場合、特に音声的な強調は伴いません。1つの文に主題はふつう1つです。

文頭以外の要素に「は」がついて音声的な強調を伴う場合には、ふつう他のものとの対比という意味になります。対比とは他と区別して特に取り出して比べるという意味です。2番目以降の「は」は、ふつう対比の意味をもちます。

たとえば「ぼくはピーマンは好きだ」と上点部分を強く言えば、「ピーマン以外には嫌いなものがある」という対比の意味になります。また、動詞について「聞きはしたけれどわからなかった」と言うこともあります。これは「聞

●このような音声的な強調を卓立(プロミネンス)といいます。

§5．副助詞

●「雨が降っている」に対し「雨は降っていない」のように否定文はふつう「は」を伴います。これは「降っている」場合との対比が暗黙のうちになされているためと考えられています。

いた」ことと「わかった(わからなかった)」ことを対比して表しています。強調して「食べはしない」という場合も暗黙の対比があると考えられています。

3. 学校文法の副助詞、ここが疑問！

学校での文法をつまらなくしているのは、形式にラベルを貼るだけで、その使い方を考えないためではないでしょうか。

ここでは、問題となりそうな形式について、少し掘り下げて考えていきたいと思います。

[1] 同じ限定を表す副助詞でも違いはあるの？

p.50の副助詞の表から限定の副助詞を拾ってみましょう。なんと、「だけ」「しか～ない」「ばかり」「さえ」「まで」「きり」の6形式もあります。一体どうやって使い分けているのでしょうか。

限定とはある要素や範囲を制限して取り出すことです。

最も一般的な限定の副助詞は「だけ」と「しか～ない」です。

「だけ」はある要素・範囲が該当する唯一のものであることを示します。「君だけを愛している」は、「君」が「愛している」に該当する唯一の候補であることを表します。

一方、「しか～ない」は他の要素・範囲を否定することが主で、結果としてある要素・範囲を浮かび上がらせます。結果的に「不十分だ」「少ない」というニュアンスが出てきます。他の人を否定して「君」を限定するような「×君しか愛していない」とは言えませんね。

●「だけしか～ない」は否定と呼応することからもわかるように、「しか～ない」とほぼ同じ意味です。

> 英文和訳で'only'を「だけ」で訳すか「しか～ない」で訳すかにも気を付けなければなりません。「少ない」「不十分だ」と捉えている場合には「しか～ない」で訳し、該当する要素を肯定的に捉えている場合には「だけ」を使います。

「ばかり」は「テレビばかり見ている」「食べてばかりいる」のように、数量ではなく「テレビを見る」「食べる」などの限定された出来事が起き、ほかの出来事が起きないことを表します。その出来事はふつう、多回数生じるか長時間続きます。

また「あとは行くばかりだ」は「だけ」と同じ限定です。

「さえ」は「彼さえいれば何もいらない」や「パスさえあったら乗れる」のように条件節中で条件の限定を表します。

「きり」は「だけ」の意味で「一度きり」「二人きり」「これっきり」のような限定されたことばにつきます。「きりしか～ない」は「しか～ない」と同じ意味です。

ほかに、やや古い文体で用いられる「のみ」や複合表現の「に限って」が限定の意味をもちます。

なお、「勝手にするまでさ」のような「まで」は、限定というよりも序列の最後の要素であり、最後の選択肢という意味をもつものと考えられます。

● 「今、帰ったばかりだ」の「ばかり」は動作の完了直後を表します。

● 「きり」には、「行ったきり帰ってこない」や「朝、パンを食べたきり何も食べてない」のようにある時点以降、出来事が生じていないことを表す用法もあります。

[2]　強調っていったい何？

副助詞に限らず国語でよく使われることばに強調ということばがあります。しかし、何を強調しているのかが不明確なまま使われていることもよくあります。

p.50 の表で「強調」というラベルが貼られているのは「こそ」だけですが、「も」「まで」「さえ（も）」も、本によって「強調」と説明されていることがあります。

「こそ」は「　Y　という性質に合う（ふさわしい）ものはXだ」や「　Y　という出来事が起きるのはXだ」という意味で使われます。

① 　君（=X）こそ 私の理想の人 (=Y)だ。
② 　来年（=X）こそ 合格する (=Y)ぞ。

「こそ」は限定のように他と比較せず、Yという要素を浮かび上がらせ**際立たせ**を行います。

「も」「まで」「さえ（も）」は通常考えにくい極端な例を取り立て、付随して意外さや普通の例の暗示を表します。

● ①は総記の「が」（⇒ 2.）と意味が似ています。違いは「こそ」が「候補として適切だ」という意味をもつのに対し、「が」にはそのような意味がない点です。また、「が」の場合、前にされた質問にYの部分が含まれています。

§5. 副助詞

「も」は予想と異なる要素を取り立てて**意外**さを表します。「ごはんを3杯<u>も</u>食べた」のような「数量＋も～（肯定）」の場合、「3杯」という数量が予想よりも多いことを表します。「5人<u>も</u>来なかった」のように「数量＋も～（否定）」の場合、予想より少ないことを表します。予想と異なる意外さが、強調していると感じられるのです。

「まで」も意外さを表現して強調する表現ですが、「まで」はある事象が序列中の極端な例におよぶことを表します。「日曜日<u>まで</u>働いている」と言えば平日、土曜日、日曜日という序列の中で最も「働かない」ことがふつうである「日曜日」に働くことに対して意外さを表します。

「さえ（も）」は、たとえば「小学生<u>さえ</u>知っている」のように、述部（「知っている」）に最も該当しない要素（「小学生」）でも該当することを表します。ふつうは裏の意味として、「ほかの人はもちろん知っている」ことが含意されます。

学校文法では現代語について「すら（も）」は扱っていませんが、「さえ（も）」とほぼ同じです。

「でも」や「だって」も「さえ（も）」とよく似た説明がされることがあります。「でも」や「だって」は「であっても」という意味ですから、極端な例でなくても「私<u>でも</u>できる」「あいつ<u>だって</u>知ってる」のように仮定的な意味を込めて取り立てる場合に使うことができます。なお、「でも」「だって」は仮定的に一例を取り出しているだけで、他のものを類推させる作用は小さいものと考えられます。

強調といっても、何をどのように取り立てて提示しているかはさまざまです。

●程度をもたない語の場合、「さすがの彼<u>も</u>疲れていた」のように「さすがの」など属性を表す語を添えなければなりません。

●「まで」は序列を表しますので、「×3杯<u>まで</u>食べた」のように数量にはつきません。

●「すら」が使えないのは「読み<u>さえ</u>しない」「ほめて<u>さえ</u>くれない」のように動詞を取り立てる場合です。

●「さえ」や「でも」のような極端な例のとりたては、一例から他を類推させる用法と言われることもあります。

> 副助詞は、ほとんどの場合、他の要素との比較を含意します。ここで挙げた形式については、単に「強調」というラベルを貼るのではなく、「ふさわしい」「予想よりも多い／少ない」「思いもしないことをである」といった、書き手や話し手の意図を読み取ることが大切です。

[3] 「切手を3枚ほどください」は曖昧？

郵便局で「50円切手を3枚ほどください」と客に言われた職員が「何枚ですか？」と聞き返すという笑い話があります。みなさんが郵便局の職員ならどうしますか？

「貯金が100万円ほどある」の「ほど」や「3日ばかり留守にする」の「ばかり」、それに「週に2回くらいは図書館へ行く」の「くらい」は、数量や頻度を表すことばについておおよその程度を表す副助詞です。

「イタリア料理などを作ってみました」の「など」や、依頼や勧誘などとともに用いられる「お茶でも飲みませんか」の「でも」も、類例の範囲をおおよそ表す副助詞です。

おおよその程度や範囲を表すというこれらの形式の意味は、程度や範囲を限定せずぼかすことから、実際に丁寧に聞こえるという運用上の効果をもつことがあります。

「ほど」で言えば、「100万円」という概数とともに用いられた場合には、おおよその程度の意味が強くなりますが、「3枚」という確定した数量とともに用いられた場合には、実際には程度が曖昧なのではなく、丁寧さを表すために使われていると考えられます。

範囲が限定されているにもかかわらずおおよその程度や範囲を表す形式を用いると、低い評価を表すという効果を生じることもあります。

「など／なんか」は、「私に など／なんか できません」「あんな奴なんかに何がわかる」のように低い評価を表します。また、「くらい」も「こんな問題くらいすぐ解ける」「私にくらい話してくれたっていいじゃない」のように、「言うまでもなく当然である」という評価を生じます。

> どのような名詞に続いてこれらの副助詞が用いられているかを考えれば、それがおおよその程度や範囲を表すか、運用上の丁寧さや低い評価を表すかが、おおよそわかります。すべてを「曖昧だから」と排除して、ギスギスしたことばづかいになっても困りますね。

●概数を表す「およそ」や「約」のような要素とは働きが重複しますので、「約100人ぐらい」は冗長的です。

●「だけ」は「これだけ言えばわかるだろう」のような従属節でおおよその程度を表します。また、「も」は「2時間も歩いただろうか」「1000円もあれば足りる」のように、推量や仮定の場合におおよその数量を表します。

●「判決は来月にも言い渡されます」の「も」はおおよその時期を表します。

●人物を直接指さず、「陛下＝階段の下」や「あなた＝むこうの方」というのも、ぼかし表現を用いて丁寧に表現しています。

●「なんて」は低い評価専用の副助詞で、「雨が降るなんて」のような終助詞的用法ももちます。

●田中さんに向かって言うときの「田中さんなんかどう思います？」のように、単に「は」と同じ意味で用いられる場合もあります。

§5. 副助詞

[4] 並立の副助詞ってなんか副助詞らしくない…

「も」「か」「なり」「だの」「やら」は複数の要素を並べて示すときに使います。特定の話し手の捉え方を込めていないことと、ほかの格助詞の代わりに用いられているわけではない点で、副助詞というよりは、名詞と名詞を結ぶ並立助詞に近い存在のものもあります。

「も」は「肉も魚も食べられない」のように複数要素が同列に該当することを表します。同列の要素が読みとりにくい「あ、ウグイスが鳴いている。春も近いなぁ」のような「も」は、**婉曲**用法とされます。

「か」は「行くか行かないか」「駅に近いかスーパーに近いか」のようにいくつかの出来事を並べてそこからの**選択**を表します。

「か」は「暑さのせいか気分が悪くなる人もいた」のように他の連用修飾成分についてその部分を**断定保留**する働きももちます。他の要素を並列的に暗示して断定を避ける用法です。

「行くなり行かないなりはっきりしろ」の「なり」は、「か」と同じくいくつかの出来事からひとつを選択する場合に用いますが、「か」よりも選択が迫られている感じが強くします。「せめてひとこと断るなりするべきだ」のように出来事が1つしか示されていない場合には他の出来事を省略して例示的に示します。

「行くだの行かないだの勝手ばかり言う」の「だの」は、文相当の並立事象を受け、否定的なニュアンスで述べるときに使います。

「運動会は雨が降るやら風が吹くやらでめちゃくちゃになった」の「やら」は複数の原因・理由が混在して混沌とした状態を表します。

なお、[3]で見た「など」も「～や～など」の形で用いられて、並立的な提示を表します。

●名詞述語の場合、「犬であるかねこであるかわからない」の意味で「犬かねこかわからない」とも使われます。「だれ」「どこ」「何」などの疑問詞につき不特定の人、場所、ものなどを表す用法もあります。

●「やら」は「どこへ行ったやら」のように単独で疑問詞疑問文の文末で使われると自問自答する「だろうか」と似た意味をもちます。この用法に限って用言に続く場合、「どこへ行ったのやら」のように「の」を介する場合もあります。

4. 副助詞の位置と意味

副助詞の中には、「ばかり」「さえ」「だけ」のように、述部についたり、ほかの格助詞との組み合わせかたが2つあったりするものがあります。

●このような副助詞は出来事の限定を表す点で共通しています。

[1] 述部での位置

「テレビ<u>ばかり</u>見ている」は実際には「テレビを見る」という出来事が複数回繰り返されています。その意味では「テレビを見て<u>ばかり</u>いる」のほうが適切かもしれません。このように出来事につくべき副助詞が前にある名詞的要素につくこともあります。「本<u>さえ</u>返せば文句を言わない」も「本を返し<u>さえ</u>すれば文句を言わない」と同じ意味です。

ただし、「ぼくに<u>ばかり</u>辛くあたる」と「ぼくに辛くあたって<u>ばかり</u>いる」のように、意味が異なる場合もあります。

[2] 格助詞との組み合わせ

格助詞と副助詞を組み合わせるとき、二通り以上の方法がある組み合わせもあります。

「この薬<u>だけで</u>病気が治る」と「この薬<u>でだけ</u>病気が治る」は異なる意味をもっています。前者は治療方法の中でのアイテムの限定ですが、後者は治療方法自体の限定です。
「くらい」も「100人<u>ぐらいに</u>教えられる」と「100人<u>にぐらい</u>教えられる」とは意味が違います。前者はおおよその程度を表しますが、後者は「100人」を低い評価で捉えています。「など／なんか」も同様で「いらなくなった本を田中<u>などに</u>やった」は同類の例示を、「本を田中<u>になど</u>やった（なんて）」と言えば低い評価を表します。

●低い評価のような話し手の主観的な捉え方は、より文末に近い位置に現れます。

§5. 副助詞

●特に「中心だ」「本場だ」「旬だ」のような名詞が述語になるものも考えてみましょう。

もう一歩進んで考えてみよう

(1) 「象は鼻が長い」という文は「は」も「が」もあります。このような文をたくさん集めて、特に「は」がついている名詞と「が」がついている名詞の関係を考えてみましょう。

(2) 「100円しか持っていないから昼食が食べられない」は「×100円だけ持っているから昼食が食べられない」とは言えません。
そのわけを説明した上で、「所持金が100円だけでは昼食が食べられない」と言える理由を考えてみましょう。

(3) 郵便局での「切手を3枚ほどください」のように、おおよその程度や範囲を表す副助詞を用いて丁寧に表現することは、日常、どの程度、耳にするものでしょうか。実際の使用状況を調べてみましょう。
また、p.57で挙げた副助詞以外に、どのようなぼかし表現が身近で使われていますか。それらが使われないときとの差にも注意して、観察してみましょう。

教科書ではこんな風に扱われています。

～「～(きり)しか～ない」と「だけ」～

　光村図書の小学校教科書『国語　三年(上)わかば』に収められている「三年とうげ」という話に次のような1節があります。

　(1)　三年とうげで転んだならば、三年きりしか生きられぬ。

　しかし、不幸にもあるおじいさんが転んでしまいます。ふさぎ込んでいるおじいさんのもとにトルトリという若者が来てこう言います。

　(2)　一度転ぶと、三年生きるんだろ。二度転べば六年、(中略)　このように、
　　　 何度も転べばううんと長生きできるはずだよ。

　若者トルトリが言うことに首をひねったかたはいませんか。
　「～きりしか～ない」は、最後に否定が来ているように「～しか～ない」と同じ意味をもっています。転ばなければ永く続く寿命が、転んだことで3年以上の期間が否定され短くなってしまうことを(1)は表しています(右図上)。
　確かに公衆電話は10円で1分話せます。20円なら2分、30円なら3分と時間が延びていきます(右図下)。若者が言うことにも一理あるように思えます。
　しかし、公衆電話は10円を入れなければ話せないのに対し、三年峠では転ばなければもっと生きられる点が違っています。公衆電話の場合、「×10円入れれば、1分しか話せない」とは言えないのです。
　しかも、生き死には不可逆的な出来事。一度、死んだらふつうは生き返りません。すっと生きられるはずだったものが、転んだことをきっかけに3年以上の余命を否定されてしまうのが、「3年きりしか生きられぬ」です。
　この話は韓国・朝鮮語の民話がもとになっており、韓国・朝鮮語でも、同じように「～しか～ない」が用いられているようです。単に文法的な間違いと考えてしまうのではなく、若者が理論のすり替えに気づきながらも、「嘘も方便」でおじいさんを救ったと考えればよいのかもしれません。

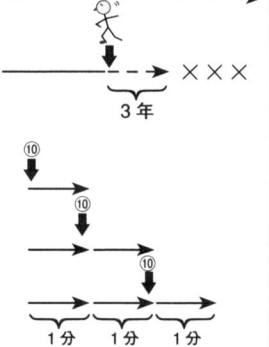

§6. 接続助詞

述部に続いて、それを含む節と後の節とを結びつける助詞を**接続助詞**と言います。

学校文法で教える接続助詞は次の15形式です。

助詞	意味	例文
ながら	①同時	お茶を飲み**ながら**新聞を読む
	②確定の逆接	その場にい**ながら**手伝わなかった
ば	①仮定の順接	呼べ**ば**答える
	②確定の順接	散歩に行け**ば**必ず本を買ってきた
	③並立	学生もいれ**ば**社会人もいる
と	①仮定の順接	彼に頼む**と**手伝ってくれるよ
	②確定の順接	橋を渡る**と**大きな家が見えた
		春になる**と**花が咲く
	③仮定の逆接	何を言われよう**と**くじけない
ても	①仮定の逆接	今、電話を掛け**ても**いないだろう
	②確定の逆接	電話を掛け**ても**だれも出なかった
が/けれど/けれども	①確定の逆接	雨が降った**が/けれど**ぬれなかった
	②単純な接続(前置き)	すまない**が/けれど**これを貸してくれ
	③並立・対比	夏は暑い**が/けれど**冬は寒い
のに	確定の逆接	お金を入れた**のに**切符が出てこない
ものの	確定の逆接	本を買った**ものの**一回も読まない
ところで	仮定の逆接	本を買った**ところで**読まないだろう
ので	確定の順接(原因・理由)	おなかがすいた**ので**ごはんを作ろう
から	確定の順接(原因・理由)	おなかがすいた**から**ごはんを作ろう
し	並立	彼はピアノも弾ける**し**作曲もできる
たり	並立	本を読ん**だり**音楽を聴い**たり**する
て	①確定の順接(原因・理由)	かぜを引い**て**学校を休んだ
	②単純な接続(先行)	朝、ごはんを食べ**て**歯をみがく
	③並立	この家は広く**て**あの家はせまい
	④補助用言に続く	食べ**て**いる、読ん**で**もらう

● 述部とは用言や、用言に続く助動詞を含んだ部分を指します。

● 節とは述語と通常、主語を含んだ単位ですが、文としては完成していないものです。

● 接続助詞も教科書によって挙げられている形式が異なります。

● 「けれど」にはより話しことば的な「けど」もあります。

● 便覧によっては「ものの」と「ところで」を挙げないものもあります。

● 「たり」か「だり」かは音便(⇒§2)の種類によります。「て」か「で」かも同じです。

● 接続詞は§14で扱います。

こんなことを考えてみましょう

① 「ば」や「と」と似た意味を表す形式に「たら」や「なら」があります。これらは接続助詞ではないのでしょうか。
② 仮定の順接の「ば」と「と」はどう違いますか?
③ 丁寧に言うとき「雨が降ったけれどぬれませんでした。」と「雨が降りましたけれどぬれませんでした。」ではどちらが正しいの?

1. 複文と接続助詞

　文を構成する最低限の要素は、述語(⇒§3-3.)とその述語が必要とするガ格などの名詞句です。この「名詞句(+名詞句...)+述語」を1つだけ含む文を**単文**といいます。たとえば「雨が降る。」や「田中は本を買った。」などは単文です。

　しかし、実際には「雨が降る」や「本を買った」で終わらないで、「雨が降るので、傘を持っていった。」や「田中は本を買って、家で読んだ。」のように後ろに続いていくことがありますね。この後ろの「傘を持っていった」も「家で読んだ」も、「名詞句(+名詞句...)+述語」からなっています。このように、1つの「。」までの文の中に、2つ以上の「名詞句(+名詞句...)+述語」(=**節**)を含む文を**複文**といいます。

　接続助詞は、その前に置かれる節(**前件**または**従属節**)と後に置かれる節(**後件**または**主節**)を結びつける働きをする付属語です。前後の節の関係によって、同時、仮定の順接、仮定の逆接、確定の順接、確定の逆接、目的、並立・対比に分けられます。

●重文については3.で説明します。

●目的を表す表現の「ように」「ために」などは学校文法ではふつう接続助詞に入れられませんが重要な表現です。

2. 接続助詞の意味

[1] 同時(付帯状況)

　「テレビを見ながらごはんを食べる」の「ながら」は「ごはんを食べる」という主たる出来事に、同時に起きている「テレビを見る」という付帯的な状況を加えて述べています。

　やや文体的にかたい「つつ」も同じ意味で用いられます。

　前件は「テレビを見る」のような時間の幅がある意志的動作を含む出来事です。後件は同じ主語でなければなりません。

　同じ「ながら」「つつ」でも、状態的な「いる」「ある」

●同時に起きている付帯状況と、結果の意味の付帯状況とは、「～ている」をつけると区別できます。「テレビを見ている」は進行の意味ですが、「スーツを着ている」は結果状態です(⇒§9)。

§6. 接続助詞

「〜ている」に続くときには、逆接を表します。

動作の結果を付帯的に述べる場合には「スーツを着た<u>まま(で)</u>寝てしまった」のように「たまま(で)」を使います。

[2] 仮定の順接（条件）

仮定の順接は、まだ起きていない出来事を条件として後件の出来事が生じることを表します。条件とは、前件の出来事が起きるか起きないかで、後件の出来事が起きるか起きないか決まるという意味です。

条件を表す形式には、接続助詞の「ば」「と」のほか、学校文法では助動詞とされる「た」と「だ」の仮定形「たら」「なら」があります（⇒4.[2]）。

● 例えば関西では「たら」がよく使われる傾向があるのに対して関東では「ば」が多いことが知られています。

これら4つの条件を表す形式には方言差があり、厳密な使い分けは地方によって異なっています。また、個人差が大きいのも条件表現の特徴です。まずは中心的な意味を押さえておきましょう。

「ば」は「雨が降れ<u>ば</u>水不足が解消する」のように最も**一般的な条件**を表します。これに対し「と」は「3月になる<u>と</u>桜の花が咲く」のようにより**恒常的な条件**を表します。「この犬は飼い主が近づく<u>と</u>しっぽを振る」はいつも振りますが、「この犬は飼い主が近づけ<u>ば</u>しっぽを振る」は「他の人が近づいたのでは振らない」という裏の意味が感じられやすくなります。「3に2を足す<u>と</u>5になる」のように、算数や数学でいつも決まっていることがらには、「と」を用います。

● 「と」の表す**恒常的な条件**とは「〜であればいつも…」ということです。そのため「×雨が降ると帰りなさい」のように後件が命令や意志の表現になることはありません。
「ば」も後件に命令の表現をとりません。

「たら」は「呼ん<u>だら</u>返事をしてください」のように後件に依頼や命令の表現が来る場合によく使われます。「たら」はもともと、完了の「たり」に由来することからもわかるように、「電車が来<u>たら</u>乗りましょう」など、前件に続いて後件が起きる場合（**継起**）に使われ、条件の表現の中で最も制限なく使える表現です。

● 「たなら」という形もありますが、これは「たら」と同じ意味で使います。

「なら」は聞き手の言ったことばを受けて自分の考えや知識を述べる場合に使います。たとえば「どこのケーキが

おいしいか」という質問に対して「ケーキ<u>なら</u>〜がおいしい」とか「ケーキを買う<u>なら</u>〜がいい」という意見を述べます。

また、「たら」と「なら」を既実現・未実現の差として用いることもあります。「飲ん<u>だら</u>乗るな、乗る<u>なら</u>飲むな」のように、前件の出来事の後に後件の出来事が起きる場合に「たら」を使い、前件の出来事を前提に後件の出来事を述べる場合に「なら」を使います。

この他、条件は「とすれば」「とすると」「としたら」や「場合」「とき」「ところ」などの名詞を用いても表されます。

> 条件を表す形式は、前述のいくつかの制限を除けば、お互いに言い換えてもよいことが多いのが特徴です。そのため置き換えの制限を厳密に考えようとしても無駄に終わることがよくあります。特に地域差のほか、場面の捉え方に対する個人差もありますので、「この犬は飼い主が近づくと／近づけば、しっぽを振る」の判断も微妙です。

● 「ある」「いる」や形容詞・形容動詞のような状態性述語の場合、「たら」も「なら」も大きな意味の差はありません。「暑かっ<u>たら</u>窓を開けてください」は「暑い<u>なら</u>〜」とも言えます。

[3] 仮定の逆接

「ても」は後件が過去ではない場合、「負け<u>ても</u>悔しくない」のように仮定の逆接を表します。仮定の逆接とは「負けたらふつうは悔しい」という予想に反した出来事を後件に述べる用法です。

● 「雨が降ろうがぼくは行く」のように「う／よう」に「が」が付加された場合、仮定の逆接となります。この「う／よう」は「だろう」に置き換えると確定の逆接に意味が変わります。

[4] 確定の順接1（原因・理由）

「雨が降った<u>ので</u>道がぬれている」や「暑い<u>から</u>もう帰ろう」のような**原因・理由**は「ので」「から」で表します。

「ので」「から」には、「靴がない<u>から</u>（／<u>ので</u>）もう帰ったのだろう」という後件の**判断をする根拠**を表す用法や、「車を呼びました<u>から</u>（／<u>ので</u>）乗ってお帰り下さい」のような後件の**働きかけに対する状況提示**の用法もあります。

共通語では「ので」のほうがやや丁寧な印象を受けるほ

● 後件の出来事が非意志的な出来事の場合、前件は**原因**という意味をもちます。後件が意志的動作の場合、その動作の**理由**が前件に示されます。

§6．接続助詞

かは特に意味的な差は感じられません。

文法的には「×だろうので／×でしょうので」のように推量の表現に続く場合と、「×この本を買ったのは気に入ったのでです。」のように「だ」「です」が後に続く場合に「ので」は使われません。これらの場合には「から」を使います。

このほかにふつうは形式名詞にされますが「ため(に)」「おかげで」「せいで」も原因・理由を表します。「ばかりに」「だけに」など、副助詞と格助詞の組み合わせで原因・理由を表すこともあります。

> 「から」と「ので」のどちらを使うかが議論されることもあります。一般に「から」は推量に続いたりするため、主観的であり、「ので」は相対的に客観的であると言われます。しかし、忘れてはいけないのは、より客観的な根拠を表す際に文章表現では「ために」が用いられることです。接続助詞という範囲にとらわれないで、文体や目的に合った形式を選ぶことが大切です。

[5] 確定の順接2（過去の習慣的動作、過去の発見）

「ば」は仮定条件のほかに、「散歩に行けば必ず何か買ってきた」のように過去の習慣的行為（確定の順接）を表すこともあります。

また、「と」と「たら」には「デパートに行くと(行ったら)閉まっていた」のような、過去において、前件の行為の結果、前件の主語が、後件の出来事をあらたに認識したことを表す用法もあります。

[6] 確定の逆接

確定の逆接は「が」や「けれど」で表されます。

仮定の逆接を表す「ても」は、後件が過去の場合、「電話を掛けても誰も出なかった」のように確定の逆接を表します。この場合、「電話を掛けたが(／けれど)誰も出なかっ

●「ても」に当たる語が「ば」のような普通の条件のことばで表される言語もあります。例えば英語では 'If he is rich, he is not happy.' のように、「ても」に当たる場合でも if だけで表すこともあります。

た」と大差ありません。

「のに」は、前件から予想されることと後件が異なっていることに対する、話し手の不満や驚きといった主観を表す確定の逆接表現です。

主観的な「のに」は、「せっかく作ったのに食べてくれないの？」と言えますが、「が」や「けれど」を使って「×せっかく作ったが～」とは言えません。

「ながら」は「近くにいながら手伝わない」や「知っていながら教えてくれない」のように状態的な述語につく場合に逆接になります。

また、「が」と「けど」には「すみませんが、これお願いします。」のような前置きや、「そろそろ時間ですけど。」のように前置き表現だけを取り出す使い方もあります。

● 「知っていながら」のように、進行以外の「～ている」は、「ながら」の前で省略され、「知りながら」となります。

[7] 目的

目的には「大学へ行くために貯金する」のような意志動詞につく「ために」と、「息子が大学へ行けるように貯金する」のような無意志動詞につく「ように」があります。

意志の形に「と」がついた「大学へ行こうと貯金している」は、非過去ではふつう三人称主語の動作に使われます。

また、「本を買いに行く」のような目的を表す「に」は、「行く」「来る」といった移動動詞とともに使われます。

● 動詞の意志性については §10-2. を参照してください。

[8] 並立・対比

並立は2つの出来事を並べて表します。特にそれら2つの出来事に大きな違いがあるときは**対比**といいます。

「し」はある出来事に他の出来事を付け加える場合に使います。「ここにはトラがいるしゾウもいる」のように2つの出来事が同時に存在する場合と、「海へ行ったし山へも行った」のように経験として併存する場合とがあります。後件にはふつう「も」を使います。

並立の「ば」はこの「し」に近い意味をもちますが、「海へも行けば山へも行った」のように両方の節に「も」

が入るほうが自然です。

「が」と「けれど」「けど」は「田中は来たが林は来なかった」のように別々の出来事を並べて示す場合には対比の意味になります。

「たり」は常に「〜たり〜たりする」の形で用いられ、いくつかの出来事が(同時ではなく)順番に何回も現れることを表します。「海へ行ったり山へ行ったりした」は何回か海と山へ行ったという含意があります。全体が動詞句「〜する」になる点も特徴的です。

[9] て

「て」はここまでに見てきた複数の用法を文脈によって使い分けています。

① カバンを持って学校へ行く。[付帯状況]
② 顔を洗って歯をみがく。[継起]
③ かぜを引いて学校を休んだ。[原因・理由]
④ 田中は富士山に登って小林は立山に登った。[並立]

①の**付帯状況**では「持って」「走って」など前件の状態が持続したまま後件の出来事が起きることを表します。

②の**継起**は同じ主語の一連の動作や出来事を表します。「食べる」のような結果が残らない動作動詞では「食べて学校へ行く」は②の継起の用法になります。付帯状況を表したい場合、「食べながら」とします。逆に「カバンを持って学校へ行く」の「持つ」のような結果が残る動作動詞は結果の付帯を表します。

③の**原因・理由**は後件に制限があります。「×わからないところがあって先生に質問します」のように後件が意志動詞の場合、現在では使いません。「わからないところがあって先生に質問しました」と過去であれば正しい文です。

④の**並立**は「この家は広くて丈夫だ」のように2つの属性が同時に存在することや、「この家は広くてあの家は狭い」のように2つの出来事が存在することを表します。

「て」と同じ意味は「かぜを引き学校を休んだ」のよう

●英語の分詞構文が多様な意味をもつのも、この「て」に似ています。

●動詞＋「て」をテ形といいます。

●テ形は否定にすると違った形になるものもあります(⇒§9)。

●「〜たまま」も結果が残る動作動詞とともに用いられますが、好ましくない状況であるというニュアンスを帯びます。

●「ここは広くて気持ちがいい」のように後件が形容詞などで非意志的な場合、過去でも現在でも使えます。

に連用形単独で表すこともできます(**連用中止法**)。「朝起きて顔を洗い学校へ行った」のように3つ以上の継起的に起きる動作を表す場合、「て」とこの連用形を併用することで単調さを回避します。

3. 接続助詞のレベル

接続助詞を含む複文は少なくとも3つのレベルに分けられると言われています。

第1は、テ形の①の用法や付帯状況の「ながら」「つつ」の場合で、従属節(前件)は主語を含むことはできません。「×弟が本を読みながら兄が勉強した」は不自然です。「ながら」「つつ」の節は最も強く従属した副詞のような節です。

第2は条件や目的の接続助詞の場合です。前件に主語を表すこともできますが、「×雨は降れば助かる」と言えないように、「は」のような主題は含まれません。

第3は「たり」を除く並立・対比の場合です。この場合、前件と後件は異なる主語の異なる出来事であるのが一般的で、「太郎は来たが次郎は来なかった」のように主題化されます。また、「雨は降りましたがぬれませんでした」のように理論的には丁寧も含みます。

第2の節は「寝ながら本を読んでいたので〜」のように、第1の接続助詞を含むことができます。第3の節は「太郎は寝ながら本を読んでいたので目が悪くなったが、次郎はテレビを見ながら勉強していたのに目が悪くならなかった」のように第1、第2の接続助詞を含むことができます。

● 第2の前件を含む文がおおよそ**複文**に、第3の並立・対比の関係にある節からなる文がおおよそ**重文**にあたります。

● 複文には名詞修飾節(⇒§7)を含むものもあります。

●「雨は降りましたけれどぬれませんでした」は、「けれど」のややくだけた感じが丁寧表現と合わないために奇異に感じられます。

> このような接続助詞のレベルに注意すると、なんとなくおかしい表現なのに説明できないことも減ってきます。また、長い文章は、違うレベルの接続助詞が混在してわかりにくくなることがあります。複雑になりすぎないよう、なるべく接続助詞は2つぐらいまでの短い文を書きましょう。

4. 学校文法の接続助詞、ここが疑問！

[1] 「食べている」と「買って読んだ」の「て」

学校文法の「て」の意味を見ると、「食べている」の「いる」のような補助用言に続く接続助詞の「て」という「意味」があります。この「て」は本当にここで見たような接続助詞なのでしょうか。

接続助詞はいろんなレベルがありますが、一般にその後ろに来る節が主節（後件）といって重要な部分です。「カバンを持って学校へ行く」の場合、「学校へ行く」が主として言いたいことで、「カバンを持って」は補足説明です。

しかし「食べている」の重要な部分は「食べて」です。「いる」は進行（継続）という文法的意味をそえる形式です。

このような「～ている」など、後半要素が実質的な意味を失い文法的な意味を担う形式は、「て＋動詞」も含めてひとつのまとまりとして扱います（⇒§12）。

●このような現象を**文法化**といいます。

[2] 「たら」や「なら」は接続助詞じゃないの？

「雨が降ったら早く帰る」や「雨が降るなら早く帰る」の「たら」や「なら」は、学校文法で接続助詞に分類されません。「たら」や「なら」は、古典語で未然形につく「たらば」「ならば」と已然形につく「たれば」「なれば」が対立していたことからもわかるように、助動詞「たり」「なり」の活用形の一部に由来します。

現代語では「たら」「なら」は「ば」がつかなくても単独で条件を表します。現代日本語では接続助詞であると考えられます。

●「なら」は「だ」の仮定形とされますが、「行くなら」と言えるのに「×行くだ」とは言えません。この点で「なら」を「だ」の活用形と捉えることは矛盾を含んでいます。また、「たら」と「なら」には必ずしも「ば」は続きません。

●「已然形＋ば」は「～たので」に相当します。

[3] どこまでが接続助詞？

「雨が降ったもので着物が濡れてしまいました」のように、少し上品な原因・理由の表現に「もので」があります。この「もので」は学校文法では接続助詞には入れられていません。一方で「雨が降ったもののお湿り程度だった」の

「ものの」は接続助詞にされています。

いずれも形式名詞の「もの」に助詞が付加されたもの。本来の「もの(＝物)」の意味はなく、接続の表現として固定(文法化)されています。

ほかにも「ために」「おかげで」「せいで」なども、広く接続助詞として捉えていく必要があります。

[4] 時を表す表現

前件と後件の時間関係を表す「とき」「あいだ」「前」「てから」などの表現は接続助詞に入れられませんが、重要な接続に関する表現です。

同時を表す「あいだ」は「母が買い物している<u>あいだ</u>、宿題をしていた」のように後件に持続する出来事がきますが、「あいだに」は「母が買い物に行っている<u>あいだに</u>、宿題をやった」のように後件には一回的な出来事がきます。

以前を表す「前」は後件が過去でも「×日本へ来た<u>前</u>、この本を買いました」のように「た」にはなりません。「まで」も同様です。「うちに」は肯定では「寝ている<u>うちに</u>」のように「ている」が、否定では「忘れない<u>うちに</u>」のように「ない」がきます。

継起の「て」よりも順序をはっきりさせたい場合には「見<u>てから</u>買う」や「使っ<u>たあとで</u>売る」のように「てから」や「たあとで」を使います。

●形式名詞であれば、その前の「が」は「の」に置き換えることができるはずです(⇒§7-4.)。「雨が降ったもので／ために…」を「雨<u>の</u>降ったもので／ために…」はやはり言いにくいように感じられます。

●「試験<u>まで</u>一生懸命勉強した」は後件に持続する出来事がきますが、「試験<u>までに</u>この本を読み終えなければならない」は後件に終了時を表す表現がきます。

●「日本へ来る<u>とき</u>この本を買った」と「日本へ来た<u>とき</u>この本を買った」のような違いについては§9-3.を参照してください。

§6. 接続助詞

もう一歩進んで考えてみよう

（1）　条件の表現は地域差が大きい表現です。みなさんの出身地では「もっと早く 起きれば／起きると／起きたら よかった(のに)」や「橋を 渡れば／渡ると／渡ったら 駅に出る」のどれを使いますか。アンケートなどをして調査してみましょう。

（2）　「お金がなかったので買わなかった」を「お金がないので買わなかった」とも言いますか？　後件が過去の時、前件が過去形でも非過去形でも言えるのはどのような場合か考えてください。

（3）　ある児童が朝の動作を描いて次のように書きました。
「バス停から歩いて、学校に着いたら遊んだ」
　どこか不自然に感じますね。なぜ不自然に感じられるのか、そのわけを考えてください。

教科書ではこんな風に扱われています。

～「なり」と「とすぐ」～

接続助詞はこのセクションで解説したものだけではありません。

光村図書の中学校教科書『国語1』所収の米倉斉加年(よねくらまさかね)「大人になれなかった弟たちに……」には次のような文があります。ここに見られる「なり」も節と節を結ぶ役割をしている接続助詞であると考えられます。

(1) 母が弟をおんぶして僕と三人で、しんせきのいる田舎へ出かけました。ところが、しんせきの人は、はるばる出かけてきた母と弟と僕をみる<u>なり</u>、うちに食べ物はないと言いました。僕たちは食べ物をもらいに行ったのではなかったのです。引っ越しの相談に行ったのに。母はそれを聞く<u>なり</u>、僕に帰ろうと言って、くるりと後ろを向いて帰りました。

「なり」は切れ間のない継起的な出来事を第三者の目から観察して描くときに使います。「とすぐ」と比べてみましょう(「*」は非文法性を表す)。

① 「とすぐ」は人称にかかわらず使えるが、「なり」は三人称に限られる
  (2) 僕は帰ってくる{とすぐ/*なり}、勉強を始めた。
  (3) 弟は帰ってくる{とすぐ/なり}、勉強を始めた。
② 「とすぐ」は主語が異なってもよいが、「なり」は必ず同じ主語である
  (4) 母はそれを聞く{とすぐ/なり}、帰ろうと言った。
  (5) 親戚の人がそう言う{とすぐ/*なり}、母は帰ろうと言った。

(1)の文章で「なり」が使われることは、親戚の人と母のとった、それぞれ間断ない2つの動作を筆者の目から描いたことを表すのに「とすぐ」よりも適切であったからでしょう。

何を接続助詞として認めるか認めないかは、教科書や参考書によってさまざまです。ある形式が接続助詞か否かを問うよりも、1つ1つの形式の性質に着目して、どうしてこの形式を使っているのかを考え、読みを深めていくことが重要です。

§7. 連用修飾・連体修飾

修飾には、動詞、形容詞、形容動詞（用言）を修飾する**連用修飾**と、名詞（体言）を修飾する**連体修飾**があります。

副詞は活用せず連用修飾の働きだけをする品詞です。学校文法で教えられる副詞は次の3つです。

① 状態副詞：主として動詞の表す動作や状態を詳しく表す
　　ゆっくり、ふわふわ、ザーッと、ずっと、しばらく…

② 程度副詞：主として形容詞・形容動詞の程度を詳しく表す
　　とても、かなり、たいへん、少し、より…

③ 陳述副詞：否定、条件など述部の特定の成分を修飾する
　　もし（～なら）、けっして（～ない）、たぶん（～だろう）

このほかに、動詞、形容詞、形容動詞の連用形や接続助詞なども用言を修飾する連用修飾ですし、「名詞＋格助詞」も用言との関係を表す点で連用修飾の1つと考えます。

名詞を修飾する連体修飾の働きだけをする品詞は**連体詞**です。

このほかに動詞、形容詞、形容動詞といった用言も「<u>食べる</u>もの」や「<u>高い</u>ビル」「<u>きれいな</u>景色」のように名詞を修飾します。特に名詞句をともなって「<u>客が食べる</u>もの」「<u>背が高い</u>人」や「<u>色がきれいな</u>絵」のように節として修飾するものを**名詞修飾節**といいます。

●①は**情態副詞**ともいいます。

●「ゆっくり走る」の「ゆっくり」は副詞で「速く走る」の「速く」は「速い」という形容詞の連用形です。
　働きとしてはどちらも連用修飾をしている点で同じです。ただし活用という体系を重視すると異なる品詞に分類されるのです（⇒§1）。

●名詞修飾節であるかどうかは連続的です。「<u>表紙が紙の</u>本」の下線部は、述語を含みませんが、「表紙が紙である本」と同様の意味をもっています。

> **こんなことを考えてみましょう**
>
> ① 状態副詞に分類される「ずっと」や「やがて」も動作や状態を詳しく表す副詞なのですか？
> ②「×多い人が来た」とは言えないのはどうして？
> ③「<u>悪口を言われた</u>良子は怒った」と「<u>いつも遅刻しない</u>西田さんが遅れてきた」では、下線部の意味が違うようなのですが、どう違うのですか？

1. 副詞の種類と働き

[1] 様態副詞

「ゆっくり歩く」「そっと触れる」のような動作や、「じっと座っている」のような状態を詳しく述べる副詞は、学校文法で状態副詞と呼ばれます。しかし、この用語は動きのない「状態」だけを修飾しているようで誤解が生じかねません。ここでは**様態副詞**と読んでおきます。

様態副詞には「ふわふわ飛ぶ」や「どんどん叩く」などの**擬音語・擬態語(オノマトペ)**と呼ばれる表現が多く含まれています。

オノマトペは語幹の用法が広く、「床がぴかぴか光る」のように語幹単独で様態を表すことができます。「ぴかぴかだ」「ぴかぴかな鏡」とも言えることから、一般には形容動詞に分類できますが、一般の形容動詞は「×元気走る」と語幹だけで動詞を修飾することはありません。

学校文法の状態副詞には「火が小さくなってやがて消えた」の「やがて」や「しばらく待っていた」の「しばらく」のように、時間的なあり方を表す副詞も含まれます。呼応という観点からみれば、動作自体のあり方に対して用いられる様態副詞とは異なり、「やがて」や「しばらく」は、動きや変化の時間的なあり方を表すアスペクト(⇒§9)と呼ばれる層と呼応する別の副詞類と考えられます。

[2] 程度副詞

程度副詞はその名の通り、程度をもつ語を修飾します。程度をもつ語は主に形容詞や形容動詞、それに様態副詞です。形容詞、形容動詞、様態副詞の「ゆっくり」は、程度副詞「もっと、たいへん、とても、少し」などで、その程度を表すことができます。

「ピンク」や「冒険家」は名詞ですが、程度性をもつので「とてもピンクだ」や「かなり冒険家だ」のように程度

●動きのある「動作」と動きのない「状態」とは対立する概念です。

●清音よりも濁音のほうが重厚長大というイメージが強く、「とんとん」よりも「どんどん」のほうが音が大きく聞こえます。

●「肩をとんと叩いた」は1回だけですが、「肩をとんとんと叩いた」は2回以上叩いたことになるなど、オノマトペには1回と複数回の区別があります。

●形容詞には「ない」のように程度性のない形容詞もあります。

§7. 連用修飾・連体修飾

●「すごいたくさん」の「すごい」は、本来ならば連用形の「すごく」が用いられるべき場所に、連体形の「すごい」が用いられたものです。

●若者ことばとされる「チョー」「ゴッツゥ」「デラ」なども程度副詞です。

●「ろくな」や「たいした」のように否定と呼応する連体詞もあります。

●否定と呼応する副詞には「たいして」のように量を表す副詞も含まれます。

●疑問・反語と呼応するのは副詞だけでありません。「だれが」や「どこに」など「疑問を表す名詞＋格助詞」も疑問と呼応します。

●「とても」も「とても食べられない」のように否定と呼応する用法に限られていたのが、広く程度を表す副詞として使われるようになりました。

副詞で修飾することができます。また、位置関係を表す前後左右上下等の名詞も、その距離や方向が程度性をもちますので、程度副詞で修飾することができます。

このほかに程度副詞には、「もっとも」や「より」のように、他者を基準にした相対的な程度を表す**比較**の副詞があります。また、「たくさん食べた」や「いっぱい本をもらった」のように、動作や変化の量を表す**量副詞**も、学校文法では程度副詞に含まれます。

[3] 陳述副詞

副詞の中には特定の述部や接続助詞と結びつくものがあります。このような結びつきのことを**呼応**といいます。このような呼応をもつ副詞を一般に陳述副詞と呼びます。

　否定との呼応：けっして、少しも、ちっとも、夢にも、全然、…
　比況と呼応：ちょうど、まるで、あたかも、…
　推量と呼応：たぶん、おそらく、きっと、さぞ、…
　否定推量と呼応：まさか、よもや、…
　願望・依頼と呼応：どうか、ぜひ、なにとぞ、…
　疑問・反語と呼応：どうして、なぜ、…
　仮定条件と呼応：もし、かりに、たとえ、いくら、…

「全然おいしい」のような否定と呼応しない「全然」が問題になることがあります。現代語では「全然」は否定と呼応するのが自然ですが、明治時代には「一体生徒が全然悪いです（夏目漱石『坊っちゃん』）」のように否定と呼応しない例も見られます。明治の「全然」は「すべてにわたって」という意味で「全然おいしい」のような高い程度を表す副詞とは異なります。

仮定条件と呼応するもののうち「たとえ」と「いくら」は逆接の仮定条件を表す「ても」と呼応します。その他の「もし」「かりに」などは順接の「ば」などとも逆接の「ても」とも呼応します。

[4] 副詞の働き

　副詞は、様態や程度を詳しく述べるほか、述部で述べる否定や推量などを、先触れして相手に伝える役割ももっています。そのため、「日本語は最後まで聞かないと肯定か否定かもわからない」なんてことはなく、文末を予測しながら理解していくことが可能になっているのです。

　否定と呼応しない「全然」が問題となるのは、このような文末の予測ができなくなるという側面があるからです。

> 　陳述副詞に限らず、副詞には必ず係っていく先があります。「ゆっくり」のような様態副詞であれば動作を表す動詞が来ますし、「しばらく」のような時間の副詞であれば持続を表す表現が続きます。副詞を「○○の副詞である」と分類することも重要ですが、このような修飾－被修飾の関係が正しく表現されているか見ていくことが大切です。

2. 連体詞

連体詞は活用をもたず常に体言を修飾する語です。
連体詞は形の点で4つに分けることができます。

① 「の」で終わるもの：
　「この、その、あの、どの」「当の」「ほんの」…
　「我が国」の「わが」のように、「の」の意味をもつ「が」を含むものもあります。

② 「な」で終わるもの：
　「大きな」「小さな」「いろんな」「おかしな」「こんな」…
　これらは形容動詞の連体形だけが残ったものです。

③ 「る」で終わるもの：
　「ある」「あらゆる」「いわゆる」「きたる」「さる」…
　動詞の終止形が特別な形として残ったものです。

④ 「た」で終わるもの：
　「たいした」「とんだ」…
　「た」は名詞を修飾する場合の存続の「た」（⇒ p.106）

● 「まるまると太った子ぶた」などは、「太る」の様態を表すのではなく、「太った」結果状態を表します。このような副詞を結果副詞とする考え方もあります。

● 文全体を述べる態度を先触れして伝える陳述副詞は文頭に置かれ、動詞等の様子を詳しく述べる様態副詞は動詞等の直前に置かれるのがふつうです。

● 室町時代あたりまでは「が」も「の」も、連体・連用いずれもの用法をもっていましたが、現代では「の」が連体、「が」が連用と機能分化しています。

● 「大きな」「小さな」には「×大きだ」や「×小さに」などのように形容動詞としての他の活用形がありません。

● 「偉大なる」「単なる」「堂々たる」も連体詞とされることがあります。このような語は文語として「なり」「たり」という形でも使われます。

§7．連用修飾・連体修飾

と同様です。

①は「の」の前が自立語の名詞ではなく、切り離すことができません。②〜④は用言の一部の活用形が残ったもので、ほかの活用形がありません。

連体詞「大きな」と「小さな」は形容詞「大きい」と「小さい」とはどのように違うのでしょうか。

連体詞は具体的なものに使われ、形容詞は抽象的なものに使われると言われることもあります。実際には「大きな建物」と「大きい建物」、「大きな夢」と「大きい夢」、基本的にどちらでも言えるようです。

● 「たった」は特に数量を表す名詞につきます。

● このほかに、「しかるべき」「ただならぬ」などを連体詞とする立場もあります。

3. 形容詞の連体用法の特例

形容詞の中には名詞を修飾する場合に「い」の形を取らないものがあります。「遠い」「近い」「多い」「少ない」です。

これらの形容詞は「×<u>近い</u>スーパーに買い物に行く」や「×<u>多い</u>人がやってきた」とは言えません。かわりに「近くの」「多くの」を用います。「遠い」も同じく「遠くの」になりますが、「少ない」は少し形を変えて「少しの」を使います。

しかしまったく「近い」などが名詞修飾で使えないかというとそうではありません。「家が<u>近い</u>人は忘れ物をしてもすぐに取りに帰れる」や「残業の<u>多い</u>夫は過労死が心配だ」のようにそのままで使うこともできます。この場合、形容詞の前に必ず「名詞＋格助詞」があり、名詞修飾節の述語となっています。

一般に「近い」などの形容詞は、単独で名詞を修飾する場合、「近くの」などの形を連体形の代用として用いますが、名詞修飾節の述語として使われる場合には「近い」などの形で用いられるのです。

● 「一番近いスーパー」などは、「ここから」という「名詞＋格助詞」が省略されていると考えます。

4. 名詞修飾節

「算数を教える 先生 」や「算数を教える 仕事 」では、下線部が枠の中の名詞を修飾しています。このような構造を名詞修飾構造といい、下線部を名詞修飾節、枠の名詞を**被修飾名詞**と呼びます。

[1] 内の関係の名詞修飾と外の関係の名詞修飾

名詞修飾の構造には次の2種類があります。
① 「算数を教える 先生 」⇔「先生が算数を教える」
② 「算数を教える 仕事 」：「仕事」の内容が下線部

①を**内の関係の名詞修飾**、②を**外の関係の名詞修飾**と呼びます。①は英語の関係代名詞節、②は同格の that にあたりますが、日本語では形の上での区別がありません。

内の関係の名詞修飾ではいろいろな格をもつ名詞を被修飾名詞にすることができます。「田中が本屋で本を買った」からは、「本屋で本を買った 田中 」（ガ格）、「田中が本屋で買った 本 」（ヲ格）、「田中が本を買った 本屋 」（デ格）、のように作ります。ただし、「おじさんが東京から来た」や「家まで走る」の意味で「×おじさんが来た東京」（カラ格）、「×走る家」（マデ格）は作れません。

> 被修飾名詞が名詞修飾節の述語に対してもつ格を表示する方法は日本語にはありません。これは、被修飾名詞が名詞修飾節の後に来る言語に共通に見られる現象です。英語など、被修飾名詞の後に名詞修飾節が来る言語では、このような格が明示されますので、英作文などでは常にどのような格関係をもっているか考える必要があります。

外の関係の名詞修飾には次のようなものがあります。

発話や思考の内容　　幽霊が出るという うわさ話
感覚の内容　　　　　電車が走る 音
その他の名詞の内容　日本語を教える（という） 仕事

発話や思考の内容は「という」を常に伴いますが、感覚

●名詞修飾節は、連体修飾節ということもあります。

●名詞修飾節にガ格が残る場合、「田中の買った 本 」のようにガ格が「の」で表されることがあります。これを**ガ・ノ可変**といいます。ただし、「？田中の生協で買った 本 」のように、主語と被修飾名詞の間に、ほかの名詞句が入る場合には、「の」を使うとやや不自然に聞こえます。

●ただし「田中が小林から本を借りた」から「田中が本を借りた 小林 」はそれほどすわりが悪くありません。

§7．連用修飾・連体修飾

の内容には「という」は使われません。そのほかはどちらでもかまいません。

ほかに「私の座っている隣」や「彼が生まれた翌日」のように「座っているところの隣」「彼が生まれた日の翌日」の意味をもつ名詞修飾構造もあります。

[2] 限定的名詞修飾と非限定的名詞修飾

形の上では区別されませんが、日本語にはたくさんある中から候補となるものを選ぶ**限定的名詞修飾**と、名詞句に背景的な状況を付け加える**非限定的名詞修飾**とがあります。

限定的名詞修飾は「空を飛ばない鳥」のような名詞修飾です。たくさんの種類が存在する「鳥」の中から「空を飛ばない」という条件に合ったものに限定する働きをもちます。[1]で見た名詞修飾も限定的名詞修飾です。

非限定的名詞修飾は「空を飛ばないペンギン」のような名詞修飾です。ペンギンに空を飛ぶ種類と飛ばない種類があるわけではありません。「空を飛ばないペンギンは羽が退化している。」のように述部の「（羽が）退化している」の背景的状況を説明しているのです。

背景的状況とは次のようなものです。
① 継起：切符を買った田中は列車に飛び乗った。
　　　←田中は切符を買って列車に飛び乗った。
② 付帯状況：帽子をかぶった監督が立っている。
　　　←監督が帽子をかぶって立っている。
③ 理由：悪口を言われた良子は怒った。
　　　←良子は悪口を言われて怒った。
④ 逆接：いつも遅刻しない西田さんが遅れてきた。
　　　←西田さんはいつも遅刻しないのに遅れてきた。

●限定的名詞修飾では「空を飛ばない鳥」の枠で囲った被修飾名詞を強く言うことはできませんが、非限定的名詞修飾の「空を飛ばないペンギン」はふつう「ペンギン」を強く言います（プロミネンス）。

> 非限定的名詞修飾を使うと、従属節の状況がより強く背景化され、その分、主節に表される話の主筋がはっきりするので、コンパクトにまとまった印象を受けます。複文から言い換える練習も有効です。pp.84-85 も参考にして下さい。

[3] 名詞修飾節の述語

　名詞修飾節の述語は、動詞、形容詞、形容動詞のような用言の場合、連体形をとります。名詞が述語となる場合、「このクラスには親が医者である|子|が3人いる」のように「だ」のかわりに「である」を使います。この場合、「親が医者の|子|」のように「の」も使います。

　また、限定的名詞修飾の場合、「？算数を教えます|先生|は〜」のように丁寧形はふつう用いません。非限定的名詞修飾では「なくなりました|主人|が陸軍に関係のございましたもので(石川淳『普賢』)」のような例がよく見つかるように、丁寧形が使いやすくなります。

● 「の」を用いる場合、厳密には節を構成しているとは考えられません。一方で、格助詞の「が」が係っていく述語もないということになります。

5. 学校文法の連用・連体、ここが疑問！

　学校文法では形として現れるものしか教えません。そのため形に現れない名詞修飾節という構造は、「遅れて来た人(が)」が全体でひとまとまりをなす連文節であるという捉え方のみが教えられ、その働きについては軽視されがちです。

　非限定的名詞修飾節が接続助詞を用いても表現されることは前のページで述べましたが、このようにどちらでも言える場合、どちらを使うとどのような効果があるかということをはっきり示して表現に役立てることが大切です。

　また、話しことばでは「空腹だったので、母がケーキを作った|の|を1つ隠して食べた」のような名詞修飾を使うことがありますが、書きことばではやや舌足らずな印象を受けます。このような名詞修飾を学校では注意して教えているでしょうか。

　実は、この「の」は「ケーキ」を表していて、「母が作ったケーキ」と言い換えられます。古典語では、「友の遠方よりこれるをもてなす」のような言い方をしますが、現代語では「遠方より来た友をもてなす」と言ったほうが自然なのです。

● 形容詞の場合、連体形は終止形と形の差はありませんので、終止形と言ってもかまいませんが、ここでは連体・連用ということばを対比的に使います。

§7. 連用修飾・連体修飾

　このような名詞修飾は、形の上ではあまり目立ちませんが、作文などで出てきた際には気を付けなければなりません。
　ほかにも連用修飾と連体修飾は、入れ替えてもほとんど意味を変えないことがあります。形容詞の連体形を用いた「おいしいケーキが焼けた」と連用形を用いた「おいしくケーキが焼けた」は、事実としては同じです(ただし、連用形の場合、「ケーキがおいしく焼けた」が自然な語順です)。
　このような置き換えができるのは、生産の結果状態を表す場合です。「焼く」という生産的な動作の結果「ケーキがおいしい」という状態になった場合に使います。
　ふつうの変化を表す場合には「赤い壁を塗った」と「赤く壁を塗った」とでは意味が変わってしまいます。連体形は「壁」の変化する前の状態を、連用形は変化後の状態を表します。
　連用と連体という2つの修飾のあり方の類似点と相違点を理解して、作文など表現上の選択肢を増やしてみるとよいでしょう。

もう一歩進んで考えてみよう

(1) 「×かなり犬だ」や「×とても本だ」は言えませんが、「かなり名犬だ」や「とても珍本だ」は多少いいやすく感じられます。その理由を説明してください。

(2) 「水面がきらきら光っている」や「鉛筆がつんつんにとがっている」をそれぞれ、「×水面がきらっと光っている」「×鉛筆がつんととがっている」と言えない理由を考えてください。

(3) 「おいしかった彼女のケーキをもういちど食べたい」と「おいしい彼女のケーキをもういちど食べたい」は同じですか、違いますか。違いがあるとすればどのような点で違いますか。
　また「激しかった雨がやんだ」と「激しい雨がやんだ」ではどうですか。

§7. 連用修飾・連体修飾

教科書ではこんな風に扱われています。

〜非限定的名詞修飾の使われかた〜

光村図書の小学教科書『国語 三年(上) わかば』に所収の「ちいちゃんのかげおくり」に次のような例があります。

(1) 出征する前の日、お父さんは、ちいちゃん、お兄ちゃん、お母さんをつれて、先祖のはかまいりに行きました。その帰り道、青い空を見上げたお父さんが、つぶやきました。

この場合、「お父さん」をたくさんの中から選ぶわけではありませんので、これは非限定的名詞修飾の用法です。

(1)は次のように言い換えることができます。

(2) その帰り道、お父さんが青い空を見上げてつぶやきました。

(2)では、「空を見上げる」と「つぶやく」はひとつの時間の流れの中で連続したものとして捉えられています。§6で述べた継起の用法です。一方、(1)のように非限定的名詞修飾構造を用いると「空を見上げた」という出来事は「お父さん」の背景へと押しやられ、主節で述べられる「つぶやいた」が強調されることになります。

情景として連続する動作と捉えるか、または「つぶやいた」を強調したいか、これは文学の領域ですが、文法的な違いも見逃せません。

光村図書の中学校教科書『国語Ⅰ』に次のような文章もあります。

(3) 人口7,400人の小さな町、宮崎県の綾町では、町の憲章の中に、「自然の生態系を生かし、育てる町にしよう。」という言葉をかかげた。(中略)
また、33,000人の市民が暮らす山形県長井市では、「生ゴミのたい肥化」の計画が進められている。(中略)
何十万、何百万もの人が住む大都会では、自分たちの生活と土地や環境全体とのつながりを実感していくことは難しい。(後略)

このような談話連続で比較されているのは人口規模です。人口規模を対比的に表すために非限定的名詞修飾節を用い、文頭（実際には段落頭）に並べて示しています（最初の段落では、「人口7,400人の小さな街」と「宮崎県の綾町」とは同格の関係になっていますが、対比的に示すという働きは同じです）。
　非限定的名詞修飾節は、解説文などで対比的に背景的情報を提示する有効な手法としてもよく使われています。

　最後に三省堂の中学校教科書『現代の国語1』から、「空中ブランコ乗りのキキ」の次の文章を見てみましょう。

(4)（団長に四回宙返りをすればいいと言われて）キキは、サーカスの休みの日、だれもいないテントの中で何度か練習をしてみました。でも、いつももう少しというところで、ブランコに届かず落ちてしまうのです。
（中略）
「およしよ。」
<u>練習を見にきた</u> ピエロのロロ が、キキに言いました。

　最後の文、「練習を見にきたピエロのロロが、キキに言いました。」は、非限定的名詞修飾を使わないで表現することは難しいでしょう。「ピエロのロロが、練習を見にきてキキに言いました。」とすると、ロロが前段落に述べられているキキのブランコ練習を見ていたことがはっきりわかりません。
　かといって、非限定的名詞修飾を使わないで「ピエロのロロが、キキに言いました。」と言うと、練習を見ていていたたまれなくなったというロロの心情が表せません。非限定的名詞修飾節「練習を見にきた」は、前段落に示されているキキの過酷な練習とロロの発言を結びつけるためには必要な節なのです。

　非限定的名詞修飾は、文法的には中学校や小学校で取り上げられませんが、解釈にとっても作文にとっても、非常に重要な表現です。

§8. 助動詞（1）
～受身・使役・可能～

用言にいろいろな意味を添える付属語を助動詞といいます。

助動詞の中で受身、使役、可能の助動詞は動作や変化の主体以外の人や事物を主語にする性質をもっています。

学校文法で教えられる基本的な形を見ておきましょう。

●受身と使役の助動詞は、動詞の未然形に続きます。未然形は動詞と助動詞が最も密接に結びつく活用形です。

	受身	使役	可能
五段動詞	呼ば−れる	呼ば−せる	呼ば−れる
一段動詞	見−られる	見−させる	見−られる
カ変動詞	こ−られる	こ−させる	こ−られる
サ変動詞	される	させる	できる

教科書などに見られる助動詞の活用表では、可能の助動詞として「れる／られる」が載っています。五段動詞に限って、上の表に挙げた形のほかに「呼べる」という特別な形もあります。学校文法ではこのような可能の形を**可能動詞**と呼んで特別な動詞と位置づけています（⇒§2）。

●「見れる」「これる」のような一般動詞とカ変動詞の可能の形は、ら抜きことばと呼ばれます（⇒§2-3.）。

「れる／られる」は自発の助動詞ともされます。ここでは、自発についても簡単にふれておきます。

こんなことを考えてみましょう

① 日本語では「学生が家の前を走る」から「学生に家の前を走られる」のように自動詞の受身が作れます。ほかの言語の受身とどのような点が違うのでしょうか。

② 「笑わせてくれるよ」と「笑わしてくれるよ」。どちらが正しいの？

③ 「字が書ける」と「字を書ける」、どちらが正しいの？

1. 学校文法の「れる/られる」、ここが疑問！

[1] 受身・尊敬・可能はどうして同じ形なの？

　学校文法では、「れる/られる」に受身、尊敬、可能、自発という4つの意味があると書かれています。しかし、そもそもなぜ同じ形で表されるかのは書いてありません。

　実は、あまり詳しいことはわかっていないのですが、受身・尊敬・可能には次のような共通点があります。

　「れる/られる」の代表格は受身です。受身とは、基本的に動作をする側ではなく、動作を受ける側を主語にした表現です。

　日本語では、そのものズバリを指さないでぼかすことによって高い待遇を表します（⇒§5-3.[3], §13）。尊敬語は動作をする人をガ格に置いて動作をする人であることを示したまま、「れる/られる」を使ってぼかしているのです。

　可能はどうでしょうか。「このきのこは食べられる」では、「だれかがこのきのこを食べる」の目的語である「きのこ」が主語になっています。目的語の格が変わる点で、可能は受身と共通した性質をもっています。

　自発については[3]でまとめて述べます。

　このような共通点から、同じ形である「れる/られる」を使うものと考えられています。

● 尊敬語については§13で詳しく扱います。

[2] そうは言ってもどうやって見分けるの？

　受身・尊敬・可能に共通点があるのはわかっても、実際に使われている形を理解できないと困りますね。どうやって見分けたらいいのでしょうか。

　学校文法に対する最大の疑問は「この形にはこういう意味がある」ということだけを教えて、同じような形をどうやって見分けているかや、同じような意味の形式をどうやって使い分けているかを、ほとんど教えていないことではないでしょうか。

　さて、受身・尊敬・可能には見分け方があるでしょうか。

§8. 助動詞(1)

まず、主語にどんな名詞が来るかを考えてみましょう。

受身　　田中くんが先生にほめられた。
尊敬　　林先生がみんなをほめられた。
可能　　こんな出来では(私がそれを)ほめられない。

受身では動作をする人(「先生」)がニ格で表され、代わりに動作を受ける人がガ格をとっています。これに対し、尊敬と可能では動作をする人がガ格に置かれています。

尊敬と可能は、尊敬できる人がガ格になっているかどうかでもわかりますが、「～することができる」で置き換えられるかどうかでもわかります。置き換えられれば可能、置き換えられなければ尊敬です。

● 可能では動作をする人がニ格になることもあります(⇒ 4.)。

● 「書く」のような五段動詞では古い「書かれる」よりも「書ける」が可能の意味では一般的です(⇒ §2-3.)。五段動詞の可能形はすでに見分けやすくなっています。

> 実際の文章や発話ではすべての名詞が表されているわけではありません。文脈を手がかりに、「友人の田中くん」の話をしていれば「ほめられた」は受身で、「林先生」について話していれば尊敬という解釈をしていることもあります。曖昧になる可能性がある場合には、尊敬なら「お～になる」、可能なら「～ことができる」で言い換えるように指導します。

[3] 自発って何？

[1][2]で自発を除いた理由は、共通語で自発が「思い出す」や「案じる」などの限られた動詞にしかつかないためです。「見る」「聞く」のように、受身・尊敬・可能とは異なる特殊な自発の形をもつものもあります。

● 可能も意志動詞にしかつかないなど、すべての動詞に助動詞がつくわけではありません。しかし、自発を「れる/られる」で表す動詞はわずかです。

	可能	自発
五段動詞	思い出せる 思える	思い出される 思われる
一段動詞	(案じられる)	案じられる
不規則	見られる 聞ける	見える 聞こえる

表1　可能と自発の形式

● 意味的な自発と、助動詞によって生産的に得られる自発形とは、分けて考える必要があります。

「(ひとりでに)閉まる」や「(自然に)燃える」は自発的な意味をもつ自動詞であって、動詞に助動詞が付加されて

得られる自発の形ではありません。

　自発は「自分から〜する」「自然にそうなる」という意味をもちます。たとえば、「故郷のことが思い出される」といえば、ふるさとの方言を聞いたなどのきっかけで、自然と心に浮かぶ様を描いています。

　自発の「見える」と可能の「見られる」は「この塔に登れば富士山が見えるよ／見られるよ」と同じような状況で使われることもあります。しかし、不意に発見した場合、「あっ、富士山が見えるよ」と自発では言えても「×あっ、富士山が見られるよ」と可能を使って言うことはできません。逆に「電車が遅れて好きなドラマが見られなかった」場合、可能では言えますが、「×見えなかった」と自発では言えません。

2. 受身

　「れる／られる」が受身か尊敬か可能かを見分けることも大切ですが、どのような受身があり、それらをどのように使うかを考えることも重要です。

[1] 受身の分類

　受身文は動作を受ける人(=**被動作者**)を主語にする場合としない場合とで意味が違います。
　①　田中さん<u>が</u>先生にほめられた。
　②　先生に田中さん<u>を</u>ほめられた。
　①も②も「先生が田中さんをほめる」という**能動文**に対応する受身文ですが、ちょっと意味が違いますね。

　①は出来事を、被動作者の「田中さん」を主語にして、「田中さん」の立場から表現した文です。「田中さん」が仲の良い友だちならいいことだと感じますが、「田中さん」がライバルならうらやましいと思うでしょう。

　一方、②は「先生が田中さんをほめる」ことに対して、田中さんとの関係にかかわらず、必ず「いやだなあ」と感

§8. 助動詞(1)

●英語にももちろん迷惑な気持ちを表す表現はありますが、日本語と同じように受身文を使って表すわけではないということです。ベトナム語などには間接受身文に近い表現があります。

●正確には直接・間接という構造の違いと、中立・迷惑という意味とは、一致しない場合もあります。「夜風に吹かれて気持ちいい」は対応する能動文がない間接受身文ですが、迷惑の意味はありません。

●③の持ち主の受身文は「田中さんが看護師さんに呼ばれた」のように目的語「名前を」を省略しても、ほぼ事実は同じです。この場合、迷惑の意味は感じられません。

じています。その「いやだなあ」と感じるのは「田中さん」ではなく、文には現れていない「私」です。

①のような意味的に中立な受身文を**直接受身文**、②のような迷惑な気持ちを表す受身文を**間接受身文**といいます。これらは同じ受身文でも構造が違っています。このような2種類の受身があるのが日本語の特徴です。

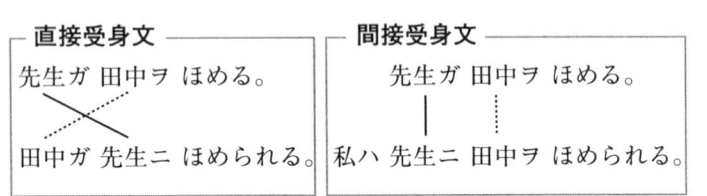

―― 直接受身文 ――
先生ガ 田中ヲ ほめる。

田中ガ 先生ニ ほめられる。

―― 間接受身文 ――
先生ガ 田中ヲ ほめる。

私ハ 先生ニ 田中ヲ ほめられる。

直接受身文は格が入れ替わっていますが、能動文と同じ名詞だけで文を作っています。一方、間接受身文は能動文になかった「私」が入っています。この「私」が「いやだなあ」という感情を感じる受身文が間接受身文なのです。

間接受身文は自動詞からも作られます。「子どもが泣いた」のような自動詞文からは「(私は)子どもに泣かれた」という間接受身文を作ることができます。やはり迷惑の気持ちが感じられます。

日本語にはもうひとつの受身文があります。
③ 田中さんは看護師さんに名前を呼ばれた。
④ 田中さんは誰かに車を壊された。

③④のような受身文はそれぞれ「看護師さんが田中さんの名前を呼ぶ」「誰かが田中さんの車を壊す」のような文から作られます。この場合、ヲ格目的語「名前」「車」の持ち主である「田中さん」が③④の文の主語になっていることから**持ち主の受身文**と呼ばれます。

日本語では「田中さんの名前が看護師さんに呼ばれた」よりも③のように人を主語にした受身文の方が自然です。「田中さんの車が誰かに壊された」のように物を主語にして言うと出来事を表しますが、④のように人を主語にして言うと、その主語が受けた影響(=被害)を表します。

日本語の受身の分類は、英作文などで重要です。間接受身文を '× I was cried by the baby.' などと作文しないよう、気を付けなければなりません。また、④のような持ち主の受身も、英語ではそのまま受身文にならないので要注意です。

[2]　受身の機能

　直接受身文は動作を受ける側の立場から描く表現です。そのことから次のような機能をもつと考えられます。

① 動作をする側よりも受ける側について述べる機能
② 動作をする側を述べることを避ける機能

　出来事を最も単純に表すのは、能動文です。能動文は動作をする人を主語にした表し方です。

　一方、日本語は、自分自身や自分に近いものを主語にしたい、つまり話し手の立場から述べるという性質を強くもちます。また、話の流れから主人公を主語に据える必要がある場合もあります。そのような話し手や主人公が動作を受ける側になった場合には、受身文の①の機能を用いて、動作の受け手を主語に置きます。

　一方、だれが動作を行っているかわからない場合や、特定でない場合には②の機能を使って受身文にします。「ブラジルではポルトガル語が話されている」には特定の「話す人」が想定されません。

●たとえば「ぼくは昨日、学校へ行った。」に続く文は、「そこで林がぼくに話しかけた」よりも、「そこで林に話しかけられた」のほうが自然な表現です。

　①の機能を使ってよくやるのが、「食べ物になったつもり」の作文です。「私は牛乳。毎朝、しぼられ、工場へ運ばれます。」のように、書いてみると、牛乳の立場からものごとを眺めることが可能です。環境問題を受身を使った作文から考えてみるとよいかもしれません。

[3]　動作主の格

　一般に受身文の動作主はニ格で表されます。硬い文体では「によって」で表されることもあります。

§8. 助動詞(1)

「届ける」や「作る」のように受け手が含意されやすい場合には、受け手のニ格との混同を避けるために「によって」が使われます。「郵便屋さん{×に／○によって}届けられた手紙」のような場合です。

物やことばの移動が感じられる場合には、「となりの人{○に／○から}話しかけられた」のようにニ格とカラ格のどちらも使われます。

3. 使役

[1] 使役の形

学校文法では使役は1種類しかありませんが、実際には次のように2種類の使役の形が使われています。

	使役1（一段型）	使役2（五段型）
五段動詞	呼ばせる yob-ase-ru	呼ばす yob-as-u
一段動詞	みさせる mi-sase-ru	みさす mi-sas-u
カ変動詞	こさせる ko-sase-ru	こさす ko-sas-u
サ変動詞	させる sase-ru	さす sas-u

表2　2種類の使役形

●共通語では一段動詞の場合、「見ささない、見さして」のように五段動詞型の使役2の助動詞がつくことは少ないですが、関西地方の方言などでは主流の形です。

●「五段動詞＋使役＋（て）もらう」の形で、「書かせてもらう」を「書か**さ**せてもらう」と言うことがあります。これを**さ付きことば**と言います。この「**さ**」は、一段動詞の「食べ**さ**せてもらう」の「**さ**」からの類推で、本来、五段動詞には不必要なものです。

一段動詞型の使役1は「呼ばせない、呼ばせた、呼ばせる、呼ばせれば、呼ばせろ」のように活用しますが、五段型の使役2は「呼ばさない、呼ばした、呼ばす、呼ばせば、呼ばせ」のように活用します。

共通語では使役形単独の場合、使役1の形のほうが優勢です。「笑わすなよ」よりも「笑わせるなよ」をよく聞きます。しかし、使役受身の形になると、使役1から作られた「笑わせられた」よりも、使役2から作られた「笑わされた」がよく使われます。

使役2も使われる回数は少ないですが重要です。

[2] 使役の意味

使役の助動詞は「人にさせる意味を添える」などと説明されますが、「人にさせる」にはいろいろな意味がありま

す。

使役の典型は「いやがる子どもに無理やり薬を飲ませた」のような**強制**です。「薬を飲む」という動作をする「子ども」は自分で飲みたくて薬を飲むのではありません。

「遊びたそうだったので、そのまま遊ばせておいた」は**許容**や**放任**と呼ばれるものです。「子ども」は無理やり(「子どもの意志に反して」)させられていません。

このほかに次のような使役文もあります。

「不意に訪ねて驚かせた」は感情を表す使役文です。「喜ぶ」「怒る」などの感情を表す動詞に「せる／させる」をつけてそういう感情にすることを表します。使役受身は一般に「強制された」という意味をもちますが、「驚かされた」には強制のニュアンスがありません。

「交通事故で息子を死なせた。」は使役の形をしていますが、実際には「させる」という意味は含まれず、起こってしまった出来事を止められなかった責任を感じていることを表しています。

使役とよく似た意味をもつ他動詞もたくさんあります。「見せる」「寝かす」「集める」「帰す」などは使役の「見させる」「寝させる」「集まらせる」「帰らせる」とよく混同されます。自分の意志で「見る」「寝る」「集まる」「帰る」ことをしない場合には「スライドを見せる」「重傷者をベッドに寝かす」のように他動詞のほうが自然です。

[3] 動作をする人の使役文における格

自動詞の使役文の場合、意志動詞であれば「選手達を無理やり走らせた」と「選手達に無理やり走らせた」もどちらも言えますが、意志をもたない「看板」に対して「×看板に立たせた」とは言えません。

他動詞の使役文では、動作をする人は「子どもに野菜を食べさせる」のように、つねにニ格で表します。

●細部では違いもありますが、おおよそ英語で強制では make、許容や放任では let のように別の語を使って表します。

●他動詞の使役文はすでにヲ格名詞を1つ含んでいるので、二重ヲ格を避け、動作をする人をニ格で表します。「息子にトマトを食べさせる」を「息子をトマトを食べさせる」ということはできません。

§8. 助動詞(1)

4. 可能

可能の形についてはすでに§2で見ましたので、ここではそのほかの特徴について少し見ておきます。

[1] 可能の特徴

可能の助動詞は意志的動作を表す動詞につきます。非意志的な「怒る」などの感情や、「わかる」などの変化を表す動詞にはふつうつきません。

動詞は意志的であっても、助動詞を伴った可能形全体は能力を伴った状態を表します。たとえば意志的動作「(早く)走る」の可能形「(早く)走れる」は、主語に備わっている性質を表しています。

特に意志的に完全にコントロールできないような「忘れる」という動詞の場合、「忘れられない」のような否定可能は、「そうしようと思ってもできない」という気持ちを表します。

[2] 可能の種類

可能は一般的には「田中さんは100メートル11秒で走れる」のように動作をする主体の能力的な状態を表します。

ほかに、「このきのこは食べられる」のように「食べる」という動作の対象を主語にして表すこともあります。「このペンは書けない」や「この部屋は使えない」などはこのような対象のもつ性質を表す可能表現です。

さらに「この酒は飲める」や「この旅館の料理はいける」のように「おいしい」という意味に変化したものもあります。「いけてる」は、「今日の田中選手は走れてますね」のように、この「いける」を「〜ている」の形にして一時的な状態を表したものと考えられます。

[3] 主体と対象の格助詞

可能文では動作の主体と対象が次のような格で現れます。

●この場合の「可能の助動詞」は、ひらがなでは取り出せない、「書ける」の可能形態素 -e を含みます。

●「怒れる男」は古典の完了・存続の助動詞「リ」の連体形「る」が含まれているものです。「怒ることができる」という意味ではありません。

①　子どもが字を書ける。(その子は字を書ける。)
②　子どもに字が書ける。(その子には字が書ける。)

　可能は状態的な述語ですので、多くはかっこの中のように能力の主体が「は」で表されます。

　①と②どちらも意味はかわりません。ただし、「小学生に物理の問題が解けるとは思えない」のように、(潜在的)能力の有無を表す場合には、②の「〜に〜が」の文型をとり、能力の所在としての人をニ格で表すことが多いようです。

[4]　その他の可能の表現

　可能は「〜ことができる」「〜得る」でも表されます。

　「〜ことができる」は「上手に愛されることができる」のように受身といっしょにも使えます。「×愛されられる」とは言えません。

　「〜得る」は「だれだって想像しうることだ」のように不特定の人物の能力を表す場合や、「交通事故はだれにでも起こりうる」のように可能性があることを表す場合に用いられます。「私は早く走れる」のような個人の能力的属性を表現する場合には「×走りうる」とは言えません。

　不可能を表す表現には「〜かねる」があります。「わかりかねます」のように丁寧に言いたいときに用いられます。

　このほか、「方法がない」ことを表す「連絡のしようがない」で不可能を表すこともあります。どのような可能・不可能の表現を使ったら、場面に合った適切な表現になるかを考えましょう。

●可能文で能動文と格が入れ替わるのは、受身のような出来事を見る立場が変わるためと、人のもっている特徴という状態的な性質を表すための、いずれも考えられます。
　可能のほかに、「〜たい」「〜やすい」「〜にくい」「〜っぱなし」などの場合に、対象がガ格で表されます。

●「その子は字が書ける。」のような形で現れることもあります。これは「〜が〜が」という文型が背後にあると考えられます。

●「うる」の活用についてはp.17を見てください。

§8. 助動詞（1）

もう一歩進んで考えてみよう

(1) みなさんの方言では「見せて」という意味で「見して」と言うことがありますか。言う場合には、どうしてこのような形が存在するのか、「書かせて」と「書かして」との比較をしながら、そのわけを考えてみましょう。

(2) 特定の野球チームやサッカーチームを応援する新聞があります。特に応援するチームが動作の対象になった場合、対戦相手チームの動作がどのように描かれているか、受身文に注意しながら調べてみましょう。

(3) 方言で五段動詞の可能形を「書ける」の代わりに「書けれる」というところがあります。なぜこのような形が作られるのでしょうか。ら抜きことばの発生過程と比較して考えてみましょう。

(4) 「彼は結婚できないよ」と「彼には結婚できないよ」ではどのように可能の意味が異なりますか？ 特に「彼には結婚できないよ」が言える場面を探してみましょう。

教科書ではこんな風に扱われています。

～可能～

可能の形はふつう意志を表しません。これは、可能の形自体がそのような状態であることを示すためです。

教科書ではこのような可能形が非意志的に用いられることによって、意志の表現と対比して鑑賞させることがあります。

光村図書中学校『国語1』に載っている「大人になれなかった弟たちに……」では「忘れる」という語が幾度か繰り返され、その形式の違いに着目する授業が実際に行われています。

(1) 暗い電気の下で、小さな小さな口に綿にふくませた水を飲ませた夜を、僕は忘れられません。
(2) 僕はひもじかったことと、弟の死は一生忘れません。

(1)のような可能形は非意志的な出来事としての描写です。一方、(2)のような非可能形は意志を表しています。

ただし、非可能形は意志を表さない場合もあるので注意が必要です。

(3) そのときの顔を、僕は今でも忘れません。

～受身～

光村図書中学校『国語1』の「魚を育てる森」には襟裳岬のクロマツの写真が載っています。題名は「植林されたクロマツ」。なぜほかのタイトルではいけないのでしょう。

能動文で言ってみると「植林したクロマツ」になりますが、受身文と比べて「だれが植林した」のか尋ねたくなります。受身文は動作を受けた側について述べたい場合に使います。特に、だれがしたかわからない動作でも受身文を使うと自然に聞こえるのです。

また、「クロマツの植林」というと、重要な部分は「クロマツ」ではなく「植林」です。写真には「クロマツ」が写っていますので、「クロマツ」で終わる名詞修飾節が使われているというわけです。

§9. 助動詞(2)

～否定・時間～

●否定の「ず」と「ぬ」は古典語では別の助動詞です。「ず」は本来、活用がなく「あり」と複合して「ざり」などの活用をしていました。

学校文法で教えられる否定の意味をもつ助動詞は、「ない」「ぬ(ん)」「まい」の3つです。「ぬ」は連用形の「ず」を除き、主に慣用句で用いられる古語の残存ですし、「まい」は否定の推量や意志を表す表現ですので、現代語に否定の助動詞は実質、「ない」1つしかありません。

また「た」は過去、完了、状態のような動作や状態の時間的なあり方を表す助動詞です。いずれも命令形はありません。

●「た」は接続助詞の「て」と同じく行によって音便形になり、ガ行、ナ行、バ行、マ行五段活用につくと「だ」になります。

た	まい	ぬ(ん)	ない		
たろー			なかろー	ーウ	未然形
✕	✕	ず	なかっーなく	ータ ーナイ ーナル	連用形
た	まい	ぬ(ん)	ない	ー。	終止形
たー	(まい)ー	ぬ(ん)ー	ないー	ートキ	連体形
たら	✕	ねー	なけれー	ーバ	仮定形

また、動作や状態の時間的あり方を表す形式には「〜ている」や「〜つつある」があります。「〜ている」「〜つつある」は2つの単語からできているとされますが、ここでは分解せず、その働きを比較します。

●「キジも鳴かずば打たれまい」のような仮定形的な用法も聞くことがあります。

●学校文法では「〜ている」と「〜てある」は接続助詞の「て」に補助動詞の「いる/ある」がついた形とされます(⇒§12)。また、「〜つつある」も接続助詞「つつ」に「ある」がついたものです。

こんなことを考えてみましょう

① 「食べない」と「赤くない」の「ない」は、どんな点で違いがあるの？

② 「食べて」の否定は「食べなくて」「食べないで」のどちらでしょうか。

③ 「もうごはん食べた？」と「昨日、何時にごはんを食べた？」の「た」は同じでしょうか。

1. 学校文法の否定、ここが疑問!

[1] 「食べない」と「赤くない」の「ない」は違うの？

§2で動詞に続く「ない」と形容詞に続く「ない」の違いについて触れましたが、もう一度確認しておきましょう。

動詞：　　　書く　(kak-u)　　書かない　　(kak-anai)
　　　　　　食べる(tabe-ru)　食べない　　(tabe-nai)
形容詞：　　赤い　(aka-i)　　赤くない　　(aka-ku-nai)
形容動詞：楽だ　(raku-da)　楽で(は)ない (raku-de(wa)-nai)

学校文法では、動詞には助動詞の「ない」がつき、形容詞、形容動詞、「だ」には形式形容詞の「ない」がつくとされますが、実際にはどのような違いがあって分けなければならないのでしょう。

p.21で見たように、助動詞の「ない」と形式形容詞の「ない」は語源的な成り立ちが違います。「赤くはない」「楽ではない」のように副助詞が直前に入りうるのは形式形容詞のときだけです。ほかに、様態を表す「そう」（⇒§10）や「すぎる」が続く場合、助動詞は「降らなそう」「降らなすぎる」ですが、形式形容詞は「赤くな<u>さ</u>そう」「赤くな<u>さ</u>すぎる」と「さ」を介します。

また、否定接続の形(⇒2.[4])では、動詞が「降らないで」「降らなくて」のどちらも言えるのに対し、形式形容詞の場合には「赤くなくて」しか言えません。

> 助動詞か形式形容詞かという用語の問題で終わらせないで、形容詞や形容動詞に続く「〜ない」に、形容詞的な特徴を見つけ出すことが大切です。「大きい」などの形容詞のふるまいとの共通点を考えさせるのもよいでしょう。

[2] 「ある」は不規則動詞？

動詞「ある」の否定形は規則的に得られる「×あらない」ではなく「ない」となります。

丁寧の助動詞「ます」の否定形も、「×まさない」では

●名詞＋「だ」は形容動詞と同じ否定の形になります。

●助動詞「ない」はほかの助動詞にもつくことがあります。一方、「書いてある」の否定「書いてない」のように「て」に続く場合は形式形容詞として扱われます。

●「降らなそう」は、地方によって「降らな<u>さ</u>そう」ということもありますので注意が必要です。

§9. 助動詞(2)

なく「ません」です。

[3] 「まい」は何形に付くの？

「まい」は動詞につき、次のような接続をするとされます。

動詞	五段	終止形	書くまい
	一段	未然形	食べまい
	カ変	未然形	来まい
	サ変	未然形	しまい

実際には「食べるまい」「来るまい」「するまい」など五段動詞以外でも終止形に接続することがあります。逆に古くから四段動詞の未然形に接続した例も見られます。

未然形は「ない」と同様、出来事の否定としての接続のしかたです。終止形は「だろう」と同様、出来事全体に対して話し手の捉え方を表す接続のしかたです。

[4] どうして「とんでもありません」は間違いなの？

形容詞の中には「きたない」「はかない」のように「ない」で終わるものも多くあります。「とんでもない」は語源ははっきりしませんが一語の形容詞です。

そのため「×きたありません」と言わないように、「とんでもありません」も本来、文法的ではありません。「とんでもありません」は「途方も ありません←途方も ない」などからの類推によって生じたものと考えられます。

● ただし、「とんでもなそう」ではなく、「とんでもなさそう」と聞くこともあります。後者は、形容詞の「ない」に様態の「そう」がついたかたちですから、「とんでも＋ない」と分析していることになります。

2. 否定の意味

[1] 基本的な否定と部分否定

否定は基本的には出来事全体の非存在を表します。「今朝、パンを食べなかった」と言えば、「パンを食べる」という出来事が今朝という時点で存在しなかったことを表します。

同じ否定を使っていても「今朝、パンは食べなかった」と言えば、「(何か)食べた」という出来事自体は否定せず、

● 上点は音声的卓立（プロミネンス）を表します。

その「食べた」ものが「パンである」ことを否定しています。このように文の一部を否定し他の部分(一例として「ごはん」)を浮かび上がらせる否定を**部分否定**と言います。

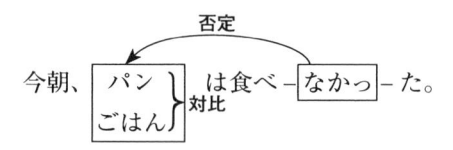

今朝、｛パン/ごはん｝（対比）は食べ-なかっ-た。（否定）

対比には「は」がよく使われます。「は」は文頭などで主題として取り上げる以外は対比の意味をもちます。対比は特に音声的に強められることで主題と区別されます。
・ぼくはお雑煮は好きじゃない。
・昨日、東京では雨は降らなかった

上点部分を強く言うと「お雑煮以外の正月料理が好きだ」「東京で雨以外の何かが降った」という意味になります。

述部を部分否定する場合には「のではない」を使います。「この本は買ったのではない。」と言えば、「買った」を否定し、「借りた」など他の動作が暗示されます。「この本、どうしたの？ 買ったの？」という質問に対し、単純な否定で「×この本は買わなかった」ということはできません。

●否定文でこのような「は」が使われやすい性質については、p.54 も参考にしてください。

●この「の」は準体助詞で「(この本を)買った」コトを一回名詞化して「は」で取り立て否定しています。

> 児童生徒の作文に限らず、否定文では「は」を多用する傾向が見られます。否定文で用いられる「は」は、主題の「は」とは違い、基本的には対比という意味をもちますが、あくまでも暗示的な対比として用いられるものです(⇒§5-2.)。「きょうは、雨は降っていない」「僕はその本は買わなかった」のように、主題の「は」の後に「は」を繰り返すと、やはり対比的な意味が感じられやすくなります。特に「雪」や「あの本」などとの対比を行わないのであれば、「きょうは、雨が降っていない」「僕はその本を買わなかった」で十分です。否定文では、「は」の使いすぎに注意しなければなりません。

[2] 二重否定

「なくはない」や「ないことはない」は否定が重ねられ

§9. 助動詞(2)

ています。負の数と負の数をかけると正の数になるように、このような二重否定は基本的には肯定を表します。

しかしながら二重否定は積極的な肯定を表すのではありません。「暖かくなくはない」は「暖かい」よりも程度が弱いという意味をもちますし、「行けなくはない」は「行ける」のような積極的な態度を表してはいません。

二重否定ははっきりしない表現であると言われますが、程度を弱めて肯定するという働きをもっています。

[3] 否定疑問

否定疑問の形は意志的動作を表す動詞につく場合、「君も行かない？」は「君も行く？」と同様、勧誘(⇒§11-5.)を表します。否定は否定としての機能をもたず、丁寧さを表しています。依頼を表す「行ってくれる？」に対する「行ってくれない？」も同様に否定は和らげに転用されています。

非意志的な状態に対して否定疑問を使う場合には、その状態に対する判断を聞き手に確認しています。「ちょっとこれ長くない？」は「私は長いと思うんだけど」という気持ちを込めて「長いか長くないか」の判断を求めています。

● 「ない？」に前接する形容詞が平板化した「カンケーナクナイ？」は、聞き手に判断は求めず話し手の主張のみを訴える新しい用法としてよく聞かれます。

[4] 否定接続の形

助動詞「ない」の「て」の接続の形としては「ないで」と「なくて」の2種類があります。

「て」には次の4つの意味があります(⇒§6)。

① カバンを持って学校へ行く。[付帯状況]
② 顔を洗って歯をみがく。[継起]
③ 宝くじがあたってよろこんだ。[原因・理由]
④ 林は富士山に登って田中は立山に登った。[並立]

このうち、否定では付帯状況との区別がしにくい②を除いて、①③④をそれぞれ否定で言うと次のようになります。

① カバンを持たないで学校へ行く。[付帯状況]
③ 宝くじがあたらなくてがっかりした。[原因・理由]
④ 林は富士山に登らないで/登らなくて田中は登った。[並立]

● 「ノートに書いて覚える」のような手段を表す「て」は①に含めます。

否定の助動詞「ない」の連用形「ず」は③と④で「なくて」の代わりに使えます。①と④は「ないで」の代わりに「ずに」を使うこともできます。

●形容詞や形式形容詞の「ない」は③④の用法のみをもち、その否定は「なくて」です。

> 学校教育では、禁止の「〜な」を含めて、できるだけ否定を使わない指導も考えなければなりません。「少ししかできない」のではなく、「少しだけできる」。「この子は分数がわからない」ではなく、「分数を少しだけ理解している」。「廊下は走らない」ではなく、「ゆっくり歩こう」。否定を使わないと、見方も変わってくるものです。

3. 過去と完了

[1] 過去と完了の基本

「ごはん食べた？」という問いに否定で答える場合、どのように答えるでしょうか。

1つは「いや、まだ食べていない」で、もう1つは「いや、(昨日は)食べなかった」でしょう。「食べていない」は「食べる」という動作が現在までに**完了**していないことを表します。一方「食べなかった」のほうは、現在よりも前の一時点にそういう動作が起こらなかったことを表しています。すなわち**過去**です。

過去とは、実際に話している時点(現在)よりも以前という意味です。図に表すと灰色の領域が「過去」です。

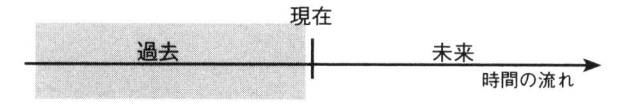

●形容詞・形容動詞や名詞＋「だ」、「ある、いる、できる」など若干の動詞は状態を表します。これらは終止形が現在を表します。
動詞の大部分は動作や変化を表します。この終止形は基本的に未来です。

●「今」と「現在」では指している時点が違います。「現在」は話している時点しか指しませんが、「今」は「今帰った」「今、いる」「今、行く」のように近い過去、現在、近い未来いずれにも使います。

これに対し、完了とはある時点から見てその動作や出来事がすでに終了していることです。

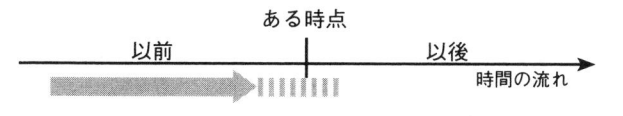

完了では出来事が「ある時点」以前に終了してはいます

●「た」は完了の助動詞「たり」から来ています。このように完了を過去に転用するのは、日本語だけの現象ではなく、イタリア語やフランス語などにも見られます。

§9. 助動詞(2)

が、「ある時点」まで何らかの影響が残っています。

「ある時点」が現在であれば現在完了になりますし、過去であれば過去完了、未来であれば未来完了となります。過去完了を表す形は「〜していた」ですし、未来完了は「〜している(だろう)」となります。「た」という形が完了を表すのは現在の場合だけです。

このような2つの時間的な概念、現在を基準とした過去・未来という捉え方と、動作のどの局面を捉えるかという捉え方は似ていますが区別しなければならないものです。前者は**テンス**(時制)と呼ばれ、後者は**アスペクト**(相)と呼ばれます。アスペクトには完了のほか、「〜ている」や「〜つつある」で表される進行、「〜始める」「〜だす」などで表される始動、「〜きる」「〜やむ」「〜終わる」などで表される終了などがあります。4.および5.で説明します。

[2] さまざまな「た」

「た」は出来事として過去や完了に位置づけられるほかに、その出来事を認識した時点を表すこともあります。

たとえば「おっ、バスが来<u>た</u>」や「探していた財布、ここにあっ<u>た</u>のか」の「た」は、出来事の過去でも完了でもありません。まだ、バスはバス停に到着してませんし、財布は現在目の前にあるのです。これらは「バスが来る」や「財布がある」ことを「認識した」ことを表す「た」です。

「君、小林くんだっ<u>た</u>ね?」のように再認識する場合の「た」は、過去の認識に対して「た」を用いて確認しています。

逆に「ありがとうございまし<u>た</u>」や「おめでとうございまし<u>た</u>」は、感謝や祝意は続いていますが、出来事が過去に位置づけられていると認識しているために「た」を使ったものと考えられます。

このように出来事としての過去・完了と認識時はずれることがあります。

●「ご注文はこちらでよろしかったですか?」は、この確認の「た」を用いて丁寧に表現しようとしたものです。

●「た」にはほかに「さあ、買っ<u>た</u>買っ<u>た</u>」のように、主に2回繰り返して切迫した要求を表す用法と、「ああ、困っ<u>た</u>なあ」のように心情を表す「た」もあります。

[3] 「来るときに買った」と「来たときに買った」

「日本へ来るときにこの本を買った」という場合、もう日本に「来た」にもかかわらず、「た」を使わないで「来るとき」と表現します。「来たときにこの本を買った」と言えば、到着後に買ったという解釈がふつうです。

「とき」のような複文表現では、「来る」という時点を基準にして、それ以前に生じた出来事を主節に描くなら「た」ではない形（代表してル形といいます）を、それ以後に生じた出来事を主節に描くなら「た」の形（タ形といいます）を使うというルールがあります。これを**相対テンス**と呼びます。

以前に生じた出来事を描く専用形式である「前」は常に「来る前」を用い、過去でも「×来た前」とはいいません。また、以後に生じた出来事を描く「後（で）」は、まだ起こっていない出来事でも、「今後、同様の事件が起こった後で考えても遅い」のように、いつもタ形に続きます。

●日本語では、英語の時制の一致とは異なる時間の捉え方をしています。

4.「〜ている」の意味

動詞につく「ている」にはどのような意味があるでしょうか。「〜ている」の基本的な意味は次の２つです。
① **進行**：本を読んでいる、道を歩いている…
② **結果状態**：雪が積もっている、虫が死んでいる…

①は動作がまだ終わっていないことを表します。②は動作が終わってその結果が残っていることを表します。この①②のどちらの意味になるかは基本的に動詞の性質によって決まります。

「死ぬ」や「変わる」「結婚する」のようにその動作の過程が取り出しにくいものについては②の意味になりやすく、動作の過程が取り出しやすいものはふつう①の意味になります。中には「落ちる」のように「ひらひら木の葉が（舞い）落ちている」は①の意味、「道に木の葉がたくさん落ちている」は②の意味と、どのような副詞とともに使われる

●進行は持続や継続ともいいます。

●「〜ている」については、西日本の方言で一般に①と②が別の形式で言い表されます。②は「〜とる」しか使えませんが、①は「〜よる」と地域によって「〜とる」を併用しています。

§9. 助動詞(2)

かによって、両方の意味になるものもあります。
②に近いものに次の③と④の用法があります。
　③　**状態**：道が曲がっている、山がそびえている…
　④　**経歴**：彼は1度結婚している、入試に2回落ちている…

③は「道が曲がった」結果や「山がそびえた」結果を表しているわけではありません。そういう変化は考えず(結果の)状態だけを取り出して表しています。

④は特に回数を表す語とともに用いられた場合で、主語に付属する目に見えない経歴を表します。

①から③までの用法は、すべて単独の主体の単独の出来事について述べたものです。複数の主体や複数回の出来事を述べることもあります。
　⑤　**複数主体**：多くの人が飢えで死んでいる…
　⑥　**複数の出来事**：毎朝、公園を走っている…

単に「動物が死んでいる」と言えば、②のような結果状態の読みにしかなりませんが、複数の動物について述べる場合であれば、⑤のような「次から次へと死んでいる」という意味になります。また、「公園を走っている」と言えば現在進行中の動作を表しますが、複数の時点を表す「毎朝、毎日、月水金、毎週日曜」などがつくと、その出来事が複数回繰り返して行われることを表します。⑤と⑥に共通するのは出来事が繰り返されるということですから、①の進行中の延長上にある表現と捉えることも可能です。

● 通常②の意味にしかならない出来事の過程を取り出そうとするときには「～つつある」を使います。「死につつある」は「死んでいる」とは違う意味を表します。①の意味になる動詞の場合には「読みつつある」「歩きつつある」は動作開始直前の状態といった読みのほうが強く感じられます。

● 助動詞「た」には存続という用法が書いてあることがあります。これは③の意味の「ている」が、特に名詞を修飾する場合に限って「た」でも言い換えられるものです。「曲がった道」と「曲がっている道」に意味の違いはありません。

> 「あっという間に雲に乗っていました」の「～ている」は結果状態を表します。特に過去では、「気づいたらそういう状態になっていた」という意味になります。「雲に乗りました」という動きを観察したのではなく、雲に乗る過程を見られないほどの一瞬の出来事であったことが、「～ていた」によって生き生きと表されていることにも注意したいものです。

5. その他のアスペクトの表現

[1] 直前
「その料理を食べかけてやめた」は料理を口に入れる直前を表します。このほかに「子どもが料理を食べようとしている」や「今からでかけるところだ」のような表現で直前を表します。

● 「〜かける」と「〜かけだ」では意味が少し違います。「食べかけてやめた」は口に入れていませんが、「その料理はたべかけだ」と言うと口にした後を表します。
　ただし、この「食べかけて」の意味は方言差もあるようです。

[2] 開始
「雨が降り出す」と「雨が降り始める」は実質的な意味に違いはありません。ただし意志的動作の場合、「×もうちょっと待って彼が来なかったら先に食べ出そう」ということはできません。

[3] 終結
「〜終わる／〜終える」はどちらも意味に違いはありませんが、話しことばでは「〜終わる」のほうがよく使われます。

「〜終わる／〜終える」はふつう過程をもった出来事に対して使います。「×信号が赤に変わり終わる」や「×結婚し終わった」などとは言えません。

「×雨が降り終わった」も言えません。「雨が降る」のように終結点が予想しにくい場合、「降り止んだ」を使います。

「〜きる」は「マラソンを走りきった」や「力を出しきった」のように「最後まで〜した」や「完全に〜した」という意味をもちます。

[4] ところだ
「ところだ」は写真や電話などで場面や段階を説明するときによく使われます。「これからでかけるところだ」のような直前、「今、お風呂に入っているところだ」のような進行中、さらに「今、帰ったところだ」のような直後を表すこともあります。

● 「ところ」は接続助詞的に「帰ってきたところに電話がかかってきた」「被害者は帰宅したところを襲われた」のようにも使われます。

§9．助動詞(2)

もう一歩進んで考えてみよう

(1) コンピュータでは「何も見つかりませんでした」の代わりに「0 項目見つかりました」のような表現をします。これら 2 つの表現に違いはありますか。

(2) 「わかりかねます」などで用いられる「かねる」は否定の意味をもった複合動詞を作ります。「わかりかねます」と「わかりません」の違いを説明してください。
　　また、「話しかねます」とすると言いにくくなる理由も説明してください。

(3) 「君の家、ここにあるのか」と「君の家、ここにあったのか」では背景にある話し手の気持ちが異なります。どのような場合にどちらを使うか説明してください。

(4) 実際には「曲がった道」と「曲がっている道」ではどちらが多く使われますか？　インターネットの検索エンジンなどで調べた上で、その理由を考えましょう。

教科書ではこんな風に扱われています。

～物語の中の過去～

　物語の中では過去の出来事を描写する場合にも過去の「た」を使わないこともあります。光村図書の中学校教科書『国語1』米倉斉加年作の「大人になれなかった弟たちに……」には次のような文章があります。

(1)　(a)僕の父は戦争に行っていました。(b)太平洋戦争の真っ最中です。
　　(c)空襲といって、アメリカのB29という飛行機が毎日のように日本に爆弾を落としに来ました。(d)夜もおちおち寝ていられません。(e)毎晩、防空壕という地下室の中で寝ました。
　　(f)地下室といっても、自分たちが掘った穴ですから、小さな小さな部屋です。(g)僕のうちでは、畳を上げて床の下に穴を掘りました。(h)母と僕で掘ったのです。(i)父は戦争に行って留守なので、家族は、僕と母と祖母と妹と弟の五人です。(j)五人が座ったらそれでいっぱいの穴です。

　(1)は全体として過去を描いた文章ですが、(a)～(j)について主節の動詞だけをとってみても、過去形となっている文は(a)(c)(e)(g)の4文しかありません。他の(b)(d)(f)(i)(j)は非過去形になっています。

　このような過去の出来事を表すのに「た」を使わないことを非論理的と考えるのは間違いです。日本語には、特に外部に起きた出来事を描写する場合、同時のことを描くのであればあえて過去の形を使わなくてもよいという法則があるのです。これによって、すべての文末が「た」で終わる単調さを避けられています。

　過去が使われていない5つの文のうち、(b)(f)(i)(j)は指定辞の「です」であり、(d)は「寝ていられません」のような「～ている」です。これらの状態性述語は時間的同時性を表すために非過去形が用いられています。

　特に英語の学習が本格的に始まる中学校1年生における教材であるだけに、日本語のテンスの特性を十分理解した上で対照する必要があります。

　なお、(h)のような「のです」については、説明するという話し手の態度は発話時点のものであるので非過去が用いられています。

§10. 助動詞(3)
～話し手の出来事に対する捉え方ともくろみ～

私たちは、断定、確信、推量、伝聞など、さまざまな出来事の捉え方をしています。このような出来事の捉え方を表すのが、「う／よう」「そうだ」「ようだ」「らしい」などの助動詞です。これらの助動詞は左のように活用します。

命令形はありません。

「う／よう」は意志・勧誘も表します。意志・勧誘の「う／よう」と希望・願望を表す「たい」は、ともに話し手が出来事生起をもくろみ望むことを表す表現です。

このほかに「かもしれない」「にちがいない」「とみえる」もこれらの助動詞と似た働きをもちます。

活用形	接続	だ（断定）	う・よう（推量・意志・勧誘）	そうだ（様態）	そうだ（伝聞）	ようだ（比況・推定・例示）	らしい（推定）	たい（希望）
未然形	ーウ	だろー	×	そうだろー	×	ようだろー	×	たかろー
連用形	ータ／ーナイ／ーナル	だっー／でー	×	そうだっー／そうでー／そうにー	そうでー	ようだっー／ようでー／ようにー	らしかっー／らしくー	たかっー／たくー
終止形	。	だ	う・よう	そうだ	そうだ	ようだ	らしい	たい
連体形	ートキ	(な)ー	(う・よう)	そうなー	×	ようなー	らしいー	たいー
仮定形	ーバ	なら	×	そうなら	×	ようなら	らしけれー	たけれー

● 「よう」は一段活用型の活用をする動詞および助動詞につき、それ以外は「-oう」がつきます。

● 陳述副詞によっても出来事の捉え方を表すことができます。

こんなことを考えてみましょう

① 「明日はたぶん雨だ」は「だ」だから断定？「雨だと思う」もやっぱり断定？「だ」の未然形に「う」がついた「だろう」は断定の推量？？
② 「行くだろう」というのに「行くだ」と言わないのはなぜ？
③ 推量と推定の区別がよくわかりませんが..

1. 学校文法の「だ」、ここが疑問！

「だ」が断定を表す。これは学校文法最大の誤解です。

断定とは、ある出来事を（実際に真実であるかは別として）話し手が真実であると考えているという捉え方です。

確かに「彼が犯人だ。」のように「～だ。」で断定することもあります。しかし、「彼は必ず来る。」や「この花は美しい。」も断定の文です。断定をするために、「×来るだ」とか「×美しいだ」とは、少なくとも共通語では言いません。動詞や形容詞の断定は終止形で表します。

一方で、「だ」の未然形「だろ」は、推量（⇒ 2.[1]）を表す助動詞とともに「だろう」という形になりますが、断定の推量というのは、矛盾した考え方です。「なら」が断定の仮定というのも、同様におかしな考え方です。

実は「だ」は、単に述語にならない名詞を述語にする働きをしているだけなのです。断定は、下降イントネーションで言い切ることによって示されています。

「です」も、学校文法では丁寧な断定を表す助動詞と教えます。「です」は、形容詞とともに「美しいです」ということができる点で、「だ」とは異なっています。しかし、「×来るです」は、やはり共通語では用いられません。

「です」には仮定形がありません。

> 「です」の代わりに「になります」が使われることがあります。「なる」は、変化を表す動詞で、通常、変化結果の状態を表します。特に、「3に2を足すと5になります」のように、計算という過程を経て得られた結果を示す場合、単なる状態を表す「です」で置き換え可能です。さらに、日本語には「自然にそうなる」という表現が丁寧に聞こえるという性質があります。そのため、「1,000円お預かりします。200円のおつりです」を「おつりになります」と、「なる」を使って言うと丁寧に聞こえるのです。「いつ、おつりになるの？」という質問は、屁理屈になります（＝です）。

●形容動詞は「元気だ。」と「だ」で断定しているように見えますが、この「だ」は活用語尾とされますので、やはり断定の助動詞は使われていません。

●このような「だ」は**指定辞**と呼ばれることがあります。

●「ボタンを押すと青になります」のように変化を引き起こすきっかけを前件に示す場合、「です」で置き換えることはできません。

●丁寧さについては§13を見て下さい。

●「こちら、ご注文のハンバーグになります。」は計算過程がありませんので、不自然と捉える人も多いようです。

§10. 助動詞(3)

2. 「話し手の捉え方を表す」とは？

出来事は素材のままではなく、ふつう話し手の捉え方をともなって表されます。たとえば、「雨が降る」という出来事を、気象予報に詳しい人なら「雨が降る。」と断定的な捉え方をして表現するでしょうし、人から聞いたという捉え方ならば、「雨が降るそうだ。」と表現するでしょう。

このように話し手は、出来事に対し、断定、推量、推定、様態、伝聞というさまざまな捉え方をしています。それらの捉え方を表すのが p.110 に挙げた助動詞です。

ほかに学校文法では形式名詞に分類される「はず(だ)」や、いくつかの語が複合したとされる「かもしれない」や「にちがいない」も、話し手の捉え方を表す表現です。

ここでは、さまざまな捉え方と、その形式を見ていきます。なお、断定については 1. を参照してください。

[1] 推量

現代語では「学生だろう」「降るだろう」「美しいだろう」「きれいだろう」のように、名詞に限らず動詞も形容詞・形容動詞もいずれも「だろう」をつけることで推量を表すことができます。かたい文体では「降ろう」「美しかろう」のように言うこともありますが、話しことばでは一般的ではありません。現代語では推量の形式を「う/よう」ではなく「だろう」(丁寧な形は「でしょう」)として扱ったほうが自然です。

● 現代語で推量の意味の「う/よう」は、「雨が降ろうと槍が降ろうと」のような「(よ)うと」に、近い用法が見られます。

> 実際に「×行くだ」とは言わないのに「行くだろう」というのは、同じ助動詞に「だ」と「だろう」を含めることが無理であることを示しています。教える場合には、語源と現代の用法と分けて考えた方が矛盾なく説明できます。

では推量とはどのような捉え方を表しているのでしょうか。学校文法の参考書には「推量とは話し手が推し量って言うこと」などと説明されていますが、推し量るとはどう

いうことなのでしょう。

　断定が話し手がある出来事を真実であると考えて言い切っている捉え方であるのに対し、推量は出来事を真実であると考えつつも言い切らない捉え方を表しています。推量も基本的には真実であると考えていますので、医者が患者に向かって「風邪でしょう」ということもできます。言い切らないのは、自信がなくて推し量っているからではなく、直接的な表現を避けるという待遇的配慮によるものと考えられます。

　「だろう」は「たぶん」「おそらく」などの推量を表す副詞とともに用いることができます。一方、基本的には条件表現である「もしかしたら」のような出来事の可能性を表す表現とはいっしょに使うことはできません。

> 「たぶん彼は来ますよ。」のような、文末が「だろう」と呼応しない「たぶん」は間違った使い方であると書いてある本もあります。しかし、「便利であることはいいことか、と日常生活を見つめ直すことから、たぶん私たちの第一歩は始まる。（朝日新聞 1987 年 5 月 24 日天声人語）」など、実際にはよく使われますので、あまり神経質に指導する必要はありません。なお、「たぶん」には、「と思う」や「ではないか」が文末に来ることもよくあります。

　「だろうか」は下降イントネーションで用いられ、基本的には相手に聞くのではなく自問を表します。

[2]　推定・様態・伝聞

　推定、様態、伝聞は、学校文法の解説書に、それぞれ「何らかの根拠に基づいて推し量る」「そういう様子」「他人から聞いたことを根拠にした捉え方」などと説明されています。

　「ようだ」「らしい」などによって表される推定は、ことばとして推量に似ていますが、何らかの根拠がなければ推定することができない点で異なっています。推定とは証拠

●動詞には、常に意志的動作を表さない「雨が降る」「できる」のような**無意志動詞**と、文脈によって意志的にも非意志的にも使われる「食べる」「作る」などの**意志動詞**とがあります。
　「無意志動詞＋まい」は否定推量、「意志動詞＋まい」は否定の意志を表します。

●「そう」「よう」はもともと形式名詞でそれに「だ」がついたものです。これらが１つの助動詞としてまとめて扱われるのは、連体形が「〜な」の形をしていることなどによります。

§10. 助動詞(3)

を基に判断を行うという意味です。一方、推量は根拠がなくても真実であると考えれば使えます。

判断の根拠は状況に存在しますが、特に「おいしそうだ」のように視覚的な情報による認識を**様態**、「おいしいそうだ」のように他者から言語的なメッセージとして得た認識を**伝聞**と呼びます。

様態を表す代表的な形式は「(し)そうだ」です。「おいしそうだ」と推定の「おいしいようだ／おいしいらしい」を比べると、「(し)そうだ」は食べ物を見て考えないでそのままの感想を述べているのに対し、「ようだ／らしい」は食べ物を直接見てではなく、店の前の行列や店構えなど間接的な証拠から考えて判断しています。

伝聞は聞いたままを伝える表現です。伝聞の形式には「(する)そうだ」のほかに、「という」「って」があります。「おいしいらしい」には推定の用法のほかに、伝聞の用法もあります。

[3] 可能性の認識

学校文法では助動詞に入りませんが、「かもしれない」「はずだ」「にちがいない」も出来事の捉え方を表す形式です。

「かもしれない」は1つの**可能性の認識**を表します。「降るかもしれないし降らないかもしれない」のように正反対のことを並べることもできます。「雨が降る」ことが可能性のうちの1つでしかないという述べ方です。

> 「かもしれない」や話しことばの「かも」は、可能性の1つを挙げただけで、その可能性が高いとか低いとかを述べるわけでも、他の可能性を否定するわけでもありません。発言がもっとも無責任になりやすく、注意したい表現です。

「はずだ」は「かもしれない」より、高い可能性があると話し手が信じていることを表します。このような捉え方を**確信**と言います。高い可能性があると信じていますが、断定ではありませんので「ここに置いた<u>はず</u>だけど、記憶

● 「みたいだ」は「ようだ」と同じ意味で用いられる話しことばの推定の形です。「みたいだ」は「みたようだ」から来ています。

● 「(し)そうだ」は「降りそうだ」「おいしそうだ」「元気そうだ」となります。名詞について「×病気そうだ」とは言いません。

● 形容詞が「そうだ」に続く場合、語幹が一音節の「よい」「ない」だけに「さ」が入ります。「濃い」は共通語では「濃そうだ」になります。

● 「かわいい」は古く「あわれだ」という意味の語でした。後に一般的には「愛らしい」という意味に変わりましたが、「あわれだ」という意味が残ったのが「かわいそう」です。方言によっては「かわいそう」の意味で「かわいい」を使います。

● 「らしい」は「学生らしい髪型」のようにも使われます。この「らしい」は名詞について典型的な性質を表す接尾辞です。

違いかもしれない」のように、その考えを否定することもできます。

「にちがいない」は「(間)違い」が「ない」わけですから、その出来事が起こらないことを話し手は考えから除外しています。「×ここに置いたにちがいないけど、記憶違いかもしれない」と言うことはできません。

「はずだ」も「にちがいない」も「×私はきょう学校へ行くはずだ」や「×行くにちがいない」のように自分のことには使いません。話し手が信じていることは、自らの意志で決められないことです。「かもしれない」は1つの可能性を提示するだけなので「(私は)行くかもしれない」ということができます。

3. 出来事の否定的な捉え方

出来事を否定的に捉える場合には次のようになります。

「雨は降らない」のような否定的な断定は否定形を使います。

否定推量は「ないだろう」で表されます。「だろう」自体が否定形にはなりません。「ないだろう」は「まい」(⇒ §9)と同じです。

様態の否定は「おいしくなさそうだ」と「おいしそうでない」です。どちらも意味に差はありません。動詞の場合、「降らなそうだ」よりも「降りそうに(も)ない」を使います。

「らしい」「ようだ」「にちがいない」「かもしれない」の否定は「～ないらしい／～ないようだ／～ないにちがいない／～ないかもしれない」だけです。助動詞やそれに相当する表現を否定形にすることはありません。

「はずだ」は「彼は行かないはずだ」と「彼が行くはずがない」のどちらも基本的には同じ否定的な確信を表しますが、否定が後ろに来る「はずがない」のほうが強い否定に感じられます。

●形容詞を否定する「ない」は形式形容詞(⇒§9)ですので、「そうだ」がつくと「～なさそうだ」になります。一方、助動詞の「ない」は「～なそうだ」となります。

§10. 助動詞（3）

4. 比喩・比況

「ようだ」には推定のほかに「XはまるでYのようだ」のように用いてXとYのある性質が似ていることを表す用法があります。このような用法を**比喩**あるいは**比況**といいます。

「ようだ」を用いて「この暑さはまるでフライパンの上にいる<u>ようだ</u>」と言う場合、はっきりと比喩を用いていることがわかるため**明喩**と言います。

一方、「ようだ」を用いないで比喩を表すこともできます。「この暑さはまるでサウナの中だ」は「ようだ」を用いていません。さらに状況によっては「まるで」も省略して「この暑さはサウナの中だ」ということもできます。このように「ようだ」や「まるで」などの比喩を表す形式を用いないでたとえることを**暗喩**と言います。

助動詞としての「ようだ」にはもう1つ、**例示**を表す用法があるといわれています。例示は「XのようなN」や「Xのように〜[形容詞・形容動詞]N」という形で表されます。いずれの場合も名詞が後に続き、（直接・間接に）名詞に係っていきます。逆に言えばこの用法の「ようだ」は「ように」という連用形と「ような」という連体形以外はもちません（「ようだ」の形では例示の意味にはなりません）。

5. 意志

推量を表す助動詞とされる「う／よう」は現代語ではもっぱら「だろう」の形で使われます。そのため「う／よう」の現代語での意味はほぼ**意志**と勧誘に限定されると言って差し支えありません。

意志は話し手の出来事の捉え方ではなく、次の希望・願望と同じく、出来事が起きることをもくろむ態度を表す表現です。ここでは**もくろみ**の表現と捉えておきます。勧誘は聞き手への働きかけの表現です（⇒§11）。

●「あのような事件」と連体詞「あの」にも続くことから、「よう」は名詞に近い性質のものです。

●推量と意志は未実現の出来事に対する捉え方という点で共通しています。実際に古くは意志と推量は「まい」と同じく主語の人称だけで使い分けられていました。今でも方言には推量と意志を同一の形式で表すところもありますし、実は英語のwillも似たところをもっています。

意志は、話し手もしくは話し手を含む複数の主体の意志的行為に使います。「×彼は来よう」のような第三者の意志に対して使うことはできません。この場合には「彼は来ようとしている」などの形を用いてそのような兆候を捉えていることを表します。

　「まい」は一人称が主語の場合には否定意志に、三人称が主語の場合には否定推量になります。どのような活用形につくかは§9-1.を見てください。

　意志は「う／よう」や否定の場合「まい」がなくても表すことができます。「僕は明日、絶対プールに行く。」「いつか有名になってやる。」「二度とあの人には会わない。」のように、自分の意志で決められる行為や願望的な意志を宣言する場合、「う／よう」を使わないほうが、強い意志の表現と感じられます。

　また、名詞の「つもり」「気」を使って「行くつもりだ」「行く気だ」のように心づもりを表すこともあります。純粋な意志の形式である「う／よう」と「まい」には過去の形はありませんが、「つもり」「気」のような心づもりの形式には、それが実現しなかった場合、「行くつもりだった」「行く気だった」のように過去で言う用法があります。

6. 希望・願望

　話し手の希望・願望を表す表現に「たい」があります。
　「たい」は話し手自ら行う動作に対する希望・願望を表します。
　英語では 'I want to ～.' と自らの動作の希望・願望を表す場合も、'I want someone to ～.' と他者の動作に対して希望や願望を表明する場合も、どちらも want という動詞を使います。日本語では他者が行う動作を望む場合は「田中さんに踊ってほしい」のように「～てほしい」や「～てもらいたい」を使わなければなりません。
　「たい」の主語に第三者がなることもできません。日本

●希望は、ことばとして願望よりも弱い望みを表します。「たい」は単独では願望を表しますが、「したいんだけど」などの形ではやや表現が弱められて希望と言ってもいい表現になります。

§10. 助動詞(3)

語で「×田中さんは留学したいです」は、やはりそのままでは不自然です。伝聞の「田中さんは留学したいそうです」とするか、動詞型活用をする接尾辞「がる」を「したい」につけて、「したがっている」のような形で表さなければなりません。

また、「たい」は話し手の気持ちという状態を表す表現です。「好きだ」や「得意だ」のように状態性の強い述語は目的語はガ格をとります。「たい」も「本を読みたい」のほかに「本が読みたい」と言うこともできます。実際には「本を読みたい」のほうが使われているようです。

「たい」は基本的に、意志的動作を表す動詞に続きます。「泳げる」のような動詞の可能の形や、「わかる」のような意志的に達成できない出来事についた「△100メートル泳げたい」「△もっとよくわかりたい」は不自然に感じられます。この場合、「泳げるようになりたい」や「わかるようになりたい」のように「ようになりたい」の形を使います。

日本語では目上の人に対して「いっしょに行きたいですか」と意志を尋ねることはできません。この場合には「いらっしゃいませんか」という勧誘の形を使います。

● 単独の「たがる」は、習慣的に繰り返し生じる場合に使います。現在の状態を見ている場合には、「たがっている」を使います。

● 「痛い」「いやだ」のように一人称にしか使えない形容詞・形容動詞は、感情・感覚の形容詞です。

> 助動詞として、「たがる」が挙がっていることがありますが、「〜がる」は「たい」にだけ続くのではありません。「痛い」や「いやだ」のような形容詞・形容動詞にもつきます。「たい」「痛い」「いやだ」などは、「私」(疑問文では「あなた」)の感覚・感情を表します。第三者の感覚・感情を表す場合、「がる」がついて「たがる」「痛がる」「いやがる」となります。「たがる」が助動詞であると教えるよりも、人称によって使い分けられていることを教えることのほうが大切です。

もう一歩進んで考えてみよう

(1) 食べ物を目の前にして「おいしそうだ」と言うことはできますが、「おいしいようだ」とは言えません。
　しかし、空模様を見ながらであれば「雨が降りそうだ」とも「雨が降るようだ」とも言うことができます。
　どのような場合に「そうだ」と「ようだ」が近い意味になるのか考えてみましょう。

(2) 日本語学習者が「×私は留学がほしいです」と言いました。なぜこのような日本語が作られるのでしょうか。

§10. 助動詞(3)

教科書ではこんな風に扱われています。

～話し手の捉え方～

　話し手・書き手が出来事をどう捉えるかは、特に文末に表れてきます。東京書籍の中学校教科書『新しい国語3』にも取り上げられている本川達雄「ゾウの時間・ネズミの時間」では、次のような出来事の捉え方を表す表現が用いられています。

(1) ずっと緩やかではあるが、体重とともに時間は長くなっていく。つまり大きな動物ほど、何をするにも時間がかかるということだ。動物が違うと、時間の流れる速度が違ってくるもの<u>らしい</u>。

(2) 日常の活動の時間も、やはり体重の4分の1乗に比例する。息をする時間間隔、心臓が打つ間隔、(中略)、等々。
　生物の時間をこんなふうにとらえられる<u>かもしれない</u>。心臓の鼓動間隔は繰り返しの間隔である。(中略) 血液内に入った異物を外に排出する時間にしても、血液の循環時間と関係する<u>だろう</u>。

(3) もし心臓の拍動を時計として考えるならば、ゾウもネズミも全く同じ長さだけ生きて死ぬことになる<u>だろう</u>。小さい動物では体内で起きるよろずの現象のテンポが速いのだから、物理的な寿命が短いといったって、一生を生ききった感覚は、存外ゾウもネズミもかわらない<u>のではないか</u>。

　生物学者である筆者がなぜ「らしい」「かもしれない」「だろう」という形式を使っているのでしょうか。おそらく学会に発表する論文では、このような捉え方を表す形式は使わないでしょう。
　ここでは、生物の体のサイズと寿命との関係に疑問を抱き、計測し、そして得られたデータから推測するという過程を示した文章で使われていることに注意しなければなりません。段階を追って検証していくという姿勢を表現するために、「らしい」「かもしれない」「だろう」を使ったものと考えられます。
　§10では扱いませんでしたが、(3)の「のではないか」も話し手の捉え

方を表しています。「のではないか」は、聞き手に確認する形式をとることで、断定しない捉え方を示したものと考えられます。

「のではないか」のように、学校文法の枠では助動詞として捉えられていないさまざまな話し手の捉え方を表す表現が、実際には用いられています。

また、東京書籍の中学校教科書『新しい国語3』にある乾正雄「夜は暗くていけないか」には、次のような表現も見られます。

(4) それだけの照明を享受しているのは、車の移動に伴う人間活動<u>にほかならない</u>。
(5) 光の行き渡りすぎた現代の夜間の環境が、人に常に動き回ることばかりを強いて、じっと考える能力を喪失させた<u>ことは疑いようがない</u>。

(4)の「にほかならない」と(5)の「ことは疑いようがない」は、強い断定を表す形式です。

児童・生徒の作文でよく見られる「思う」のような捉え方を表す表現は、教科書の論説文ではあまり用いられません。「思う」が話しことば的で、論理的でない印象を与えるからです。ある根拠をもとに得られる推論を表現する場合、「考えられる」などを用います。

助動詞という枠にとらわれないで、より広く「話し手・書き手はどのような捉え方をしているのか」、そして「どのような捉え方を表す表現を使うと、表現意図に適切であるか」を考えていくことが重要です。

§11. 助動詞と似た働きの形式(1)

～評価と働きかけ～

●英語で must も may もおおよそ、動詞の意志性で意味が決まっています。無意志動詞とともに使う場合には、出来事の捉え方を表す「～にちがいない」「～かもしれない」に解釈されます。意志動詞とともに使う場合には話し手の評価の「～なければならない」や「～てもいい」の意味になります。

●話し手の評価は、「君は勉強すべきだ」のように、聞き手が意志的に起こせる動作の場合には働きかけの表現になります。

　英語の must や may には2つの意味があります。must は「～にちがいない」と「～なければならない」、may は「～かもしれない」と「～てもいい」の意味になります。

　「～にちがいない」と「～かもしれない」は話し手の出来事に対する捉え方(⇒§10)を表しています。では、もう一方の「～なければならない」や「～てもいい」は何を表しているのでしょうか。これらは出来事が起きることに対する話し手の評価を表します。

　話し手の評価は英語などでは助動詞で表されますが、日本語には話し手の評価を表す助動詞はありません。代わりにいくつかの単語を組み合わせた形式で表現します。

① 義務・必要　～なければならない、～ざるをえない、べきだ…
② 許可・許容　～てもいい、～てください

　義務や許可の形で聞き手に何かするよう働きかけることもあります。次のような形式も働きかけを表します。

③ 命令・禁止　[命令形]、[終止形＋な]、～なさい…
④ 依頼　　　　～てください、～て、～てほしい…
⑤ 勧誘　　　　～(よ)う、～ないか…

　ここでは助動詞に似た働きをもつこれらの形式を見ていきます。

こんなことを考えてみましょう

① 「～てもいいですか」と聞いて「～てもいいですよ」と言われると、すこしムカっと来ることがありませんか？　どんなときにそう感じますか？
② 「～なさい」は「する」の尊敬語「なさる」の命令形だけど、ちっとも尊敬していないのはなぜでしょうか。
③ 「寒かったらドアを閉めてください」と「寒いのでドアを閉めてください」はどちらも同じことを頼んでいるの？

1. 義務・必要

　義務・必要を表す代表的な形は「～なければならない」です。「～なければならない」は「走る、勉強する」など、意志動詞についた場合には義務を表します。「きょうはたくさん勉強しなければならない」のように自分自身の義務を表すこともありますし、「君はきょうたくさん勉強しなければならないよ」のように他者の義務を表すこともあります。

　無意志動詞や形容詞・形容動詞、それに名詞＋「だ」についた場合は、意味が少し変わります。「中学生なのだから、このくらいのことはわからなければならない」、「この溶剤を溶かすお湯は熱くなければならない」は、義務ではなく「～である必要がある、～ことが求められている」という意味になります。

　義務・必要を表す形式は「否定＋条件＋［動詞］＋否定」という要素が組み合わされています。前半は「～なくちゃ」「～なきゃ」「～ねば」に、後半は「ならない」「ならぬ」などの表現が文体に応じて組み合わされて使われます。後半が省略されることもあります。

　「～ざるをえない」は、気が進まないが状況から避けられないことを表します。たとえば「行きたくないけど、義理があるからパーティに行かざるをえない」などと使います。単に時間がないときに「もう行かなければならない」とはいいますが、「× もう行かざるをえない」とは言いません。

　「～べきだ」は、義務のような必然性はないが、妥当性が高いと判断される場合に用いられる表現です。「～べきだ」は動作をする人に考える余地が残された表現なので、法律などで「違反したら違約金を払わなければならない」とは言っても「× 違反したら違約金を払うべきだ」とは言いません。

●「～なければならない」を「～なければいけない」ということもあります。

　聞き手に対して義務を表示して働きかける用法では、「勉強しなければいけないよ」のように「いけない」のほうが使いやすく感じられます。

　逆に「ならない」のほうが客観的な印象が強くなります。

§11. 助動詞と似た働きの形式 (1)

2. 許可・許容

許可は、聞き手や第三者が自ら望んでする行為を、話し手が許して行わせることを表します。

「～てもいい」は、許可を表す代表的な形式です。ただし、許可はふつう目下に対して与えます。「食べてもいいですか」と聞かれて「食べてもいいです」と答えると、低く扱っているようなニュアンスが生じます。この場合は、「どうぞ」のような促しを表す副詞や、「食べてください」のような依頼の形を使って**丁寧な許可**を与えます。

「～てもいい」は、聞き手や第三者の行為以外にも「わんぱくでもいい」とか「だれがやってもいい」のように出来事に対する許容を表す場合にも使われます。

「～てもいい」の否定の形は2つあります。

「廊下を走ってはいけない」の「～てはいけない」は禁止の表現です。禁止とは許可を与えないことです。

「そんなに急がなくてもいい」の「～なくてもいい」は出来事が起こらないことを許容した表現です。

許可には次のような形式もあります。

「～てもかまわない」は、聞き手や第三者の行為によって、話し手にとって不都合が生じないということを表す形式です。話し手にとっての都合を述べますので、「～てもいい」ほど傲慢には聞こえませんが、やはり丁寧に答えるときは依頼表現を使うのが自然です。

「～ても結構」は、権限を与えるというニュアンスが最も強く出る形式です。

「も」のない「～ていい」は、ほとんど「～てもいい」と同じように使われます。「もう帰ってもいいよ」は「もう帰っていいよ」と同じです。しかし「何を言ってもいいよ」のように疑問詞を伴う場合には「×何を言っていいよ」とは言えません。また「僕がやってもいいよ」と申し出る場合、「×僕がやっていいよ」と「も」なしで言うことはできません。

> 「〜てもいいですか？」という問い掛けに対し、「〜てもいいですよ」と、同じ形を使ってしか答えられないのでは困ります。このような働きかけの表現は、常に待遇的なニュアンスを伴いますので、同じ形式を使って答えると、失礼になる場合もあるからです。「〜てもいいですか？」に対して「お願いします」や「どうぞ〜してください」のようなへりくだった表現を使う練習も必要です。

3．命令・禁止

命令と禁止は、話し手の意向によって聞き手に何かさせる強い効力をもつ表現です。

[1] 命令

動詞の命令は、基本的に命令形によって表します。

命令は細かく見ると3種類があります。

1つは**動作遂行の命令**です。「勉強しろ」や「車に乗れ」などは、意志動詞に続いて、実際に動作をすることを命令しています。次に、「そうなるように努力しろ」のような**努力の命令**です。「それぐらいわかれよ」や「落ち着け」はわかった状態や落ち着いた状態になることではなく、そうしようとすることを命令しています。最後は無生物の主語に対する**希求**です。「明日天気になれ」や「雨、雨、降れ、降れ」などは、そういうことを望んでいる話し手の気持ちを表しています。

命令を表す形式は命令形のほかに、「〜なさい」があります。「〜なさい」はもともと尊敬の意味をもつ動詞(助動詞)の命令形です。命令という強い意味によって尊敬の意味は消えてしまい、単なる命令となったものです。ほかに「〜たまえ」を使う場合も同様で、尊敬の意味はありません。現代語では、丁寧な意味を出したいときには「〜てください」など依頼の形を使います。

●一段動詞の命令形、「〜ろ」と「〜よ」の区別は§2-1.[3]も参考にしてください。

●動作遂行の命令のような典型的な命令と、希求とでは、異なる形式を使う言語も多く存在します。英語でも、希求は 'I hope 〜．' などを用い、命令形は使いません。

●丁寧な形としては「〜なさいませ」がありますが、現代ではあまり使われない形です。

§11. 助動詞と似た働きの形式(1)

●英語の命令(禁止)形は日本語の命令(禁止)形より使用範囲が広く、'Handle with care.' や 'Do not drink this water.' を直訳して「丁寧に扱え」「この水を飲むな」とはできません。このような業務上の指示の場合、日本語では依頼の「〜てください」を使います。

命令形のほかにも、「まっすぐ家に帰ること」のような「すること」も命令の表現として用いられます。ただし、聞き手に対して直接的に命令するのではなく、標語などに書いて強く行為を促す場合に多く使われます。

「さっさとする！」と語気を荒げた終止形や、「さあ買った買った」のように過去の形を2回言うことでも、命令に近い意味を表すことができます。さらには、「どうして言うことを聞かないの」で、「言うことを聞きなさい」という命令を表すこともあります。

[2] 禁止

日本語の禁止表現は動詞の終止形に「な」をつけて表します。「な」は終助詞の1つに挙げられますが、実際には「な」単独で否定を表すわけではありません。「な」まで含めた「書くな」全体が禁止という働きをしていると考えたほうがよいでしょう。

禁止は命令のところで述べた努力の命令の意味でよく使います。「あわてるな」「迷うな」などは、「そうしないように努力しろ」という意味です。

このほかに「〜てはいけない」や「しないこと」「しない！」なども禁止を表すことがあります。

4. 依頼

依頼は、基本的には話し手にとって有益なことを、聞き手に対し望み促す行為です。その促し方は、強制力の点で、命令ほど強くありません。

話し手にとって有益なことを促す表現ですから、依頼には恩恵を表す補助動詞「〜てくれる」、およびその尊敬語形式「〜てくださる」の命令形「〜てくれ」「〜てください」が用いられます。

●補助動詞の扱いについては§12を参照してください。

「〜てくれ」よりも、尊敬の意味が入っている「くださる」に由来する「〜てください」のほうが丁寧ですし、

「〜てくれ」のように命令形を用いるよりも「〜てくれる？／〜てくれますか？」のように疑問形にしたほうが丁寧です。また、否定を用いて「〜てくれない？／〜てくれませんか？」とするとさらに丁寧になります。

　尊敬語語幹「お書き」などを含む「お〜ください」のほかにも、「〜てくれるとありがたいんだけど」「〜てもらえるとうれしいんだけど」など、条件と感謝の表現をあわせて、さらに丁寧な依頼を表すこともできます。

　「お〜ください」や「〜てください」は、必ずしも話し手にとって有益なことを促すばかりではありません。「景品をご自由にお取り下さい」や「暑かったら窓を開けてください」のように、聞き手の行為を単に促す場合にも使われます。これらは「取っていってもいい」「開けてもいい」というような許可の丁寧な言い方です。

　否定の依頼には2つの形式があります。「じゃまをしないでくれ／ください」が一般的に用いられますが、「じゃまをしてくれるな／くださいますな」も耳にする表現です。

> 話し手が依頼のつもりで述べても、イントネーションなどで命令や禁止と捉えられることもあります。形式だけを教えるのではなく、イントネーションという音声的特徴もあわせて、使えるように練習することが大切です。

5. 勧誘

　命令や依頼が話し手が行わない動作を聞き手に促す表現であるのに対して、勧誘は話し手と聞き手が一緒になって行う動作を聞き手に促す表現です。

　勧誘を表す代表的な形は、意志を表す助動詞「う／よう」です。「ましょう」は丁寧の助動詞「ます」に「う／よう」がついた形です。

　形としては勧誘は意志と同じ形を用いますが、イントネーションで区別されます。勧誘の場合、「いっしょにご

●「〜てくれる」よりも「〜てもらえる」や、その謙譲形式「〜ていただける」を使ったほうがさらに丁寧に聞こえます。

●「(私が)暑いので窓を開けてください」は、私にとって有益な行為を頼んでいるので普通の依頼です。

●手紙やメールで「〜てください」を用いると、きつく聞こえることもあります。

●提案する場合には「ついて行こうか↑」のように上昇イントネーションでも言いますが、勧誘の場合には「いっしょにごはん食べようか↓」のように必ず下降イントネーションで言います。

§11. 助動詞と似た働きの形式(1)

はんを食べよう」は上昇・下降どちらのイントネーションでも言うことができますが、意志の場合には常に下降イントネーションです。

「う/よう」に「か」がついた「いっしょに食べようか」や、否定疑問の形の「いっしょに食べない？」や「いっしょに食べませんか」なども、勧誘を表します。

ただし、話し手がすでに始めている動作について、「あなたもいっしょに食べませんか」と誘い入れることはできますが、「×あなたもいっしょに食べましょうか」と誘うことはできません。

年下の聞き手に対してやわらかく命令する場合にも「〜ましょう」が用いられます。たとえば幼稚園で「さあ、おかたづけしましょう」と言えば、先生も参加するかもしれませんが、基本的には聞き手である園児の行動を促したもので、やわらかい命令です。

6. 示唆

示唆（アドバイス）を与える表現も、聞き手に行動を促す表現です。示唆は、依頼のように話し手の利益のために聞き手の行為を促すのではなく、聞き手の利益のために行う働きかけです。示唆を与える表現には、「〜ほうがいいよ」や「〜といい/たらいい」「〜たら(どう)？」などがあります。

「〜ほうがいい」は、肯定で「早く帰ったほうがいいよ」のように「〜たほうがいい」の形を用います。否定の場合は「帰らないほうがいいよ」のように「た」を使いません。ただし、過去形では「帰らなかったほうがよかった」と「帰らないほうがよかった」のどちらも用いられ、意味も変わりません。

用法としては、「〜ほうがいい」は二者を比べて一方を勧める表現です。この場合、もう一方に対してはやや否定的なニュアンスを伴うことがあります。イタリア旅行につ

●「〜ほうがいい」は、「帰るほうがいい」のように終止形に続くこともあります。これは「こんなところに泊まるくらいなら帰るほうがいい」のように、他の可能性と比較して選択した結果を述べる場合に用いられます。

いて助言をする場合、他の町と比較せず単にフィレンツェを推奨するのであれば、「×イタリアに行ったら、フィレンツェへ行ったほうがいいですよ」というのは不自然です。この場合、「行ったら／行くといいですよ」を使います。

「行ったら／行くと いいですよ」も示唆を表す表現です。ただし「〜たらいい／〜といい」で強く言いきってしまうと突き放したような言い方になります。

「いい」という判断をせずに聞き手に考えさせる「〜たら(どう)？」のほうが、さらに聞き手に配慮した表現です。「どう」の他、「いかが」も用いられます。

7. 学校文法の評価と働きかけ、ここが疑問！

[1] どこまで分解して考えるの？

義務を表す「〜なければならない」は、単語に分解すれば次のようになります。

〜なけれ	ば	なら	ない
否定の助動詞	接続助詞	動詞	否定の助動詞
仮定形		未然形	終止形

しかし、こんなふうに分解したからといって、「〜なければならない」の意味がわかるわけではありません。「〜なければならない」全体で、1つの助動詞相当の表現と捉え、意味や使い方を考えるべきです。

[2] 評価の表現と働きかけの表現との関係

ここで見てきたいろいろな表現は、人と人との関係に直接、関与する表現ばかりです。これらの表現をコミュニケーションの手段として教えないことも、学校文法の不備な点です。

特に、聞き手に何かさせようとする働きかけの表現については、より丁寧な依頼を表す形やその使い方を、十分に知っておく必要があります。また、「〜なければならない」や「〜てもいい」は単に、出来事の必然性や許容といった

§11. 助動詞と似た働きの形式(1)

　話し手の捉え方を表すこともありますが、「だから　こうしろ／して下さい」という働きかけを表すこともあります。このように評価と働きかけの表現は密接に関係していますので、相互の位置づけも知っておく必要があります。
　まとめると以下の表のようになります。
　話し手の考える実現可能性という観点から、§10で見た話し手の捉え方を表す形式も、参考までに挙げておきます。
　矢印は、評価の表現が働きかけの表現にも用いられることを表しています。

		聞き手存在に対する話し手の意識		
		薄い　←――――――――――→　強い		
	話し手の捉え方	評価　　→	働きかけ	
高　話し手が考える実現可能性　（相対的に）低	確信 〜にちがいない 〜はずだ	義務・必要 〜なければならない 〜ざるをえない （妥当） 〜べきだ	命令 しろ 〜なければならない 〜べきだ	禁止 するな 〜ないべきだ
	可能性の認識 〜かもしれない	許容 〜てもいい 比較 〜たほうがいい	許可 〜てもいい 示唆 〜たほうがいい 依頼 〜てください	不許可 〜てはいけない 示唆 〜ないほうがいい 依頼 〜ないでください

　形式の組み合わせによって表現されるこれらの表現は、助動詞や形式名詞で言い表せない表現を補完しています。このような表現があるからこそ、日本語で豊かな表現が可能になっています。
　学校では、このような形式を助動詞と連続したものと捉え、豊かなコミュニケーション手段として使えるよう教えていってほしいものです。

もう一歩進んで考えてみよう

(1) 「暑いから窓を開けてください」は話し手の利益のために依頼をする表現です。「暑かったら窓を開けてください」は聞き手の利益を考えて許可を与えている言い方です。

　「開けてください」の丁寧な言い方「お開けください」は、「暑かったら」には続きますが、「暑いから」には続きにくく感じられます。その理由を考えてください。

(2) 「ほうがいい」と似た表現に「ほうがましだ」があります。「ほうがましだ」はどのような意味の場合に使われますか。

§11. 助動詞と似た働きの形式(1)

教科書ではこんな風に扱われています。

～教科書に見られる働きかけ表現～

　教科書ではさまざまな活動を学習者に働きかけます。このような活動を働きかける表現としてはどのような表現が使われているでしょうか。国語の教科書に限らず、小学校一年生の教科書からいろいろと挙げてみましょう。

(1) みんなに　きこえるように　<u>はなそう</u>。
(2) ちがいを　かんがえて　<u>よもう</u>。
(3) みんなに　<u>はなしましょう</u>。
(4) どうぶつや　こどもの　かずを　<u>かぞえましょう</u>。

　(1)～(4)は小学校一年生の教科書に出てくる働きかけの表現です。低学年ではおおよそ勧誘の形である「う／よう」と、その丁寧な形「ましょう」が使われています。一般に本文は「ましょう」で書かれています。

　(1)(2)のような勧誘の形は、おおよそその課題の最初に目標として掲げられるときに使われていますが、教科書に出てくるキャラクターのことばとして使われることもあります。

　丁寧な形「ましょう」は形として推量の形「でしょう」と似ています。(5)(6)は推量形を用いた疑問表現です。

(5) どちらが　みじかい<u>でしょうか</u>。
(6) とどいた　本は　あわせて　なんさつ<u>でしょう</u>。

　教科書会社によって疑問の場合には「でしょうか」と「か」をつけるやりかたで統一しているところもありますが、「でしょう」と「でしょうか」が混在している教科書もあります。

　また、疑問には「でしょう」を使わない次のような形も見られます。

(7) どちらが　どれだけ　おおい<u>ですか</u>。

　日本語を母語としない児童にはこのような表現ひとつであっても、混乱をきたす要因となることがあります。実際の教室ではいろいろな表現が混在することはしかたがありませんが、慣れないうちは疑問文であることがわかりやすいよう、「ですか？」に統一するなどを考えるのも一案でしょう。

国語教育の用語と日本語教育・日本語学の用語

　日本語を母語とする人に教える国語教育と、日本語を母語としない人に教える日本語教育やその理論的支えである日本語学とでは、同じ文法現象を説明するために、異なる用語をよく使います。代表的なものをここでまとめておきましょう。

国語教育	日本語教育・日本語学	（例）
形容詞	イ形容詞	赤い、美しい…
形容動詞	ナ形容詞	元気だ、はでだ…
副助詞	とりたて助詞	こそ、だけ…
五段動詞	Ⅰ類動詞、五段動詞	書く、待つ…
上一段動詞	Ⅱ類動詞、一段動詞	見る、着る…
下一段動詞	Ⅱ類動詞、一段動詞	受ける、教える…
カ変動詞	Ⅲ類動詞、「来る」	来る
サ変動詞	Ⅲ類動詞、スル動詞	する、愛する、勉強する…
終止形（・連体形）	辞書形	書く、食べる…
連用形＋接続助詞「て」	テ形	書いて、食べて…
連用形＋助動詞「た」	タ形	書いた、食べた…
連用形	マス形語幹	書き、食べ…
仮定形＋接続助詞「ば」	バ形	書けば、食べれば…
可能動詞	五段動詞の可能形	書ける、待てる…
状態副詞	様態副詞	ゆっくり、そっと…
断定の助動詞	指定辞	だ

　日本語教育・日本語学はまだ新しい学問です。そのため、用語が定まっていないところもあり、このほかの名称も使われます。

　名称が指す範囲が異なるものもあります。

	国語教育	日本語教育
一段動詞の語幹	「食べる」の「食」	「食べる」の「食べ」
補助動詞	「(て)くれる」…	「てくれる」….
格助詞	「の」「や」を含み、「まで」を含まない	「まで」は含むが、狭義には「の」「や」は含まない

　どちらが正しいというわけではなく、説明しやすい用語で、現象が正しく説明できればよいのです。

§12. 助動詞と似た働きの形式(2)
～補助動詞～

学校文法の補助動詞は、形式動詞とも呼ばれ、「本来の意味を失って、前の文節の補助をする動詞」と定義されています。

補助動詞には次のようなものがあります。

① 時間的な意味をもつもの
：(～て)いる、(～て)ある、(～て)おく、(～て)しまう

② 恩恵的な意味をもつもの
：(～て)やる、(～て)あげる、(～て)さしあげる、(～て)くれる、(～て)くださる、(～て)もらう、(～て)いただく

③ 移動の意味をもつもの：(～て)いく、(～て)くる

④ 試行の意味をもつもの：(～て)みる、(～て)みせる

学校文法では、文節に関する難問として、この補助動詞が補助の関係という文節間の関係をもつことを捉えさせていますが、補助動詞がどのような働きをもっているか、どうやって使うか(使わないか)を考えることは少ないようです。

ここでは、上に挙げた補助動詞を意味ごとに見ていきます。なお、「～ている」はすでに§9で詳しく見たので、「～てある」との比較を中心に見ていきます。

●補助動詞は、直前の文節に対し、補助の関係という文節間の関係をもちます(⇒§3-1.)。本来の意味を失って補助をしているので、ふつうひらがなで書きます。

●学校文法の補助動詞には、指定辞(⇒§10-1.)の「だ」に相当する「(～で)ある」も含まれます。

●「～て」はガ行、ナ行、マ行、バ行の五段動詞に続くときは「～で」になります(⇒§2-2.)。

こんなことを考えてみましょう

① 「落ちている」も「書いてある」も結果が残っていることを表していますが、「～ている」と「～てある」はどう使い分けられているのですか？

② 出がけに「行って来ます」とあいさつしますが、「行きます」とは言わないのはなぜでしょうか。

1. 学校文法の補助動詞、ここが疑問！

　学校文法では、「降っている」や「書いてしまう」を「降って」「書いて」と「いる」「しまう」という文節に分けます。「て」は接続助詞、「いる」「しまう」は補助動詞として扱われます。

　しかし、話しことばの「降ってる」のように音が落ちたり、「書いちゃう」のように縮約したりした場合、文節に分けること自体不可能です。また、§6-3. で述べたように、「降っている」の「て」は、後ろへ接続していっているわけではなく、後ろに続く動詞本来の意味を少し変えて、前の動詞に時間、恩恵、移動、試行などの意味を付け加える働きをしています。このような「て」は、ほかの接続助詞の働きと大きく違っています。

　このような「て＋動詞由来の形式」は、成り立ちかたこそ違いますが、助動詞と同じ働きをする形式と言えるのです。本書では「て」を含めて「〜ている」「〜てしまう」などを補助動詞と呼びます。

　補助動詞の捉え方よりも大きな問題は、学校文法で、助動詞はその用法をあれこれ学びますが、補助動詞の用法はあまり教えられていないことです。助動詞では表せない意味を補完する形式として、その用法を見ることが大切です。

●文節と分かち書きについては p.145 を見てください。

●学校文法の補助動詞「いる」「ある」などは、前の文節とともに補助の関係の連文節を作るものと捉えます。学校文法の枠組みでは、「いる」を自立語としてしか認めませんので、そうせざるを得ないというだけのことです。

2. 時間的な意味をもつ補助動詞

[1]　〜てある

　「〜ている」は出来事の時間的な局面を表すアスペクトの形式として、すでに§9で詳しく見てきました。その中の結果状態を表す「〜ている」に似た意味をもつのが「〜てある」です。

　「窓が開いている」と「窓が開けてある」はどちらも現在、窓が開かれている状態にあることを表しています。しかしその状態に至る過程には違いがあります。

§12. 助動詞と似た働きの形式 (2)

「窓が開け<u>てある</u>」には「開ける」という他動詞が含まれています。他動詞は一般に他のものに働きかける動作を表しますから、そこにはその働きかける動作をした人が存在します。つまり「誰かが意図的に窓が開いている状態にした」のが「窓が開けてある」であり、そのような誰かの意図的な行為を含まない「窓が開いている」とは異なっています。

「教えてある」や「(予習のために)読んである」も意図的な行為の結果が残っていることを表しますが、その結果が目に見えない点で「窓が開けてある」とは違っています。

> 「小さなぼうしが置い<u>てあり</u>ました」と表現には、どれほど「置いた」人の意図性が感じられるでしょうか。おそらく「開け<u>てあり</u>ました」ほどは意図性を感じないのではないでしょうか。他動詞「開ける」は対応する自動詞「開く」がありますが、「置く」には対応する自動詞がありません。このため、意図的でない表現がしにくく、「置いてある」が非意図的にも解釈しやすいものと考えられます。一方で、まったく意図性を感じさせないのであれば、「落ちていました」や「ありました」という表現も可能です。意図性という観点から、結果状態を表す「〜てある」や「〜ている」の使い方を見てみるのもよいでしょう。

●東海地方以西の方言などでは、特に否定命令で「ついてこん<u>とい</u>て」のように、意味のない「〜とく(ておく)」をよく使います。また近畿地方では「待っ<u>ていて</u>」の意味で「待っ<u>といて</u>」を使います。このような「〜ておく」に準備の意味はなく、状態の持続に近い意味になっています。

[2] 〜ておく

「〜ておく」は、何か後に起きるであろう出来事を予測してそれに対処するために行う動作を表します。次の日にある物を使う予定があれば「準備しておく」となりますし、後で寝る時間をとれなくなる可能性があれば「少し寝ておく」ことも可能です。「〜ておく」が続く動詞は、意志動詞でなければなりません。

「〜ておく」は、「〜てある」と何らかの目的のために行う意図的な動作につく点で、共通した特徴をもっています。違いは「〜ておく」が動作自体を表すのに対し、「〜てあ

る」は結果に対して用いる点です。時間軸に沿って並べれば「看板を立てておく」→「立てておいた」→「立ててある」という順序になります。

[3] 〜てしまう

「〜てしまう」（話しことばでは「〜ちゃう」）は、話し手にとって何らかの不都合な事態が生じることによる困惑を表す場合と、そのような感情を込めないで単に事態の完了を意味する場合とがあります。

「乱暴に扱ったら壊れちゃうよ」という場合は「壊れる」ことが不都合であると話している人が認識しています。

一方で「早くやってしまおう」や「全部、食べちゃったよ」という場合にはそのような不都合であるという読みよりも、単に事態が完了する/完了したことを強めて言っているに過ぎません。

完了を表す「〜てしまう」は、助動詞の「た」よりも全体的・包括的な終結を表します。「ちょっとだけ食べたけど、まだ残ってる」という場合、「た」を使うことはできますが、「△ちょっとだけ食べちゃったけど、まだ残ってる」とは言いにくく感じられます。

また未来や過去における完了は「そのころにはもう僕は帰ってきていた/いるだろう」のように「〜ている」でも表すことができます。この場合「〜ている」のかわりに「〜てしまう」を使うことはできません。

● 完了はアスペクトと呼ばれる時間的な捉え方の一種です（⇒§9-3.）。困惑を表す用法はアスペクトの用法ではありません。むしろ語彙的な「〜て困った」のようなものです。

3. 恩恵を表す補助動詞

「〜てやる」「〜てくれる」「〜てもらう」と、その待遇的なバリエーションは、動詞について、その動詞を含んだ出来事が誰かのため（恩恵）になっていることを表す表現です。

「〜てあげる」「〜てさしあげる」は「〜てやる」の、「〜ていただく」は「〜てもらう」のそれぞれ謙譲語ですし、「〜てくださる」は「〜てくれる」の尊敬語です。

§12. 助動詞と似た働きの形式(2)

[1] 方向性

「～てやる」と「～てくれる」はどちらも動作主を主語に置きますが、「私」からみた動作の方向性によって使い分けられています。一方「～てもらう」は動作や恩恵の受け手を主語にした表現です。

方向性 \ 主語	私	他者
私 ⇨ 他者	～てやる ～てあげる ～てさしあげる	×
私 ⇦ 他者	～てもらう ～ていただく	～てくれる ～てくださる

表1 方向性と主語に置かれる人物

「～てやる」は話し手を主語にして「ジュース買ってやるよ」のように使います。「～てくれる」はその反対で他者を主語にして、「これ、友だちが買ってくれたの」のように使います。

「～てもらう」も内向きの方向性をもっています。

このような方向性を常にもつことによって、話しことばでよく省略される主語や目的語を推測することができます。「料理を作ってあげたら喜んでくれた」は、誰が作って誰が喜んだか、主語が省略されていてもすぐにわかります。

[2] 恩恵と待遇

「～てくれる」や「～てもらう」の基本的な意味は恩恵を表すことです。英語が単数・複数に着目する言語であるように、日本語は出来事を恩恵的と捉えるか迷惑と捉えるかに敏感な言語です。くわしくは§13-3.で見ていきます。

[3] 派生的な用法

「(～て)あげる」が本来的な謙譲の意味を失い、「花に水をあげる」や「子どもに本を買ってあげる」などとして使われることがあります。

● 正確には常に「私」と他者との関係でなくてもかまいません。たとえば「息子を世話してくれた」のように話し手にとって身近な「息子」が恩恵を受ける場合にも「～てくれる」を使うことができます。

● ここでは補助動詞だけを扱いますが、本動詞としての「やる」「くれる」「もらう」も同じ方向性の制限をもちます。

● 省略については§14を参照してください。

● 「腰を温めてあげると～」では「腰」かその持ち主が恩恵を受けることになってしまいます。

● 丁重語については§13-1.も参照してください。

本来「あげる」は「上げる」ですから、目下の者が受け手になるときは使いません。しかし、「やる」はどこか野卑に聞こえる表現です。より丁重に言おうとする心理によって使用が回避され、「（〜て）あげる」が用いられるようになったと考えられます。

　「〜てあげる」には、「腰を温めてあげると痛みが和らぐ」のように、後件に示された事象が都合のよいことである場合に使われる用法があります。「誰かにとって恩恵的なこと」が単純に「よいこと」に拡張された用法と考えられます。

> 　本来、位の高いところへの移動を表していた「参る」が、「さあ、参りましょう」のようにも使われるようになったのが丁重語です。「あげる」の受け手意識の消失も、同様に丁重語化の現象と考えられます。語源意識だけによって、目くじらを立てて非難するのではなく、丁重語への意味の変容として位置づければよいのではないでしょうか。

[4] 恩恵を表さない使い方

　「〜てやる」「〜てくれる」「〜てもらう」は恩恵を表す用法を中心にもつ一方で、文脈からすぐにそれが恩恵を表す場面ではないとわかる場合には、非恩恵的な意味を表すこともあります。

　「〜てやる」は「いつかえらくなってやる！」のように決意を表す場合、その決意を強めるのに使われますし、また「ぶん殴ってやる」や「叩きのめしてやった」のように強く動作が相手に及ぶ（及んだ）ことを表す場合にも使われます。

　「〜てくれる」は「とんでもないことをしてくれたね」のように、悪い影響が「私」に及んだことを表すこともあります。好ましい影響か好ましくない影響かは、文脈によって決まるとしか言えません。

●擬古的な文章では「ぶん殴ってくれる！」のように、「〜てくれる」が「〜てやる」と同じ意味で使われることもあります。

§12. 助動詞と似た働きの形式(2)

「～てもらう」は「そんなところに立っていて<u>もらって</u><u>は</u>困る」のように「ては」や「たら」などの条件節で用いられて、迷惑を表す表現が後件に来る場合に非恩恵の意味をもちます。この場合、迷惑を表す間接受身の「そんなところに立っていられては困る」とほぼ同じ意味です。

4. 移動や推移を表す補助動詞

「～ていく」と「～てくる」には空間的な移動を表す用法と時間的な推移を表す用法とがあります。

[1] 空間移動

空間移動を表す補助動詞には次の２つの用法があります。
① 主体移動を表す　　例　鳥が飛んでいく／てくる。
② 対象移動を表す　　例　手紙を送ってくる。

話し手から見て移動するものが遠ざかる方向には「～ていく」を、近づいてくる方向には「～てくる」を用います。自分の家など拠点としている場所に向かって移動する場合にも「～てくる」を使います。

①の用法には次の下位用法があります。
a. 移動の様態　　　　例　歩いていく、飛んでくる
b. 結果を伴った移動　例　ドレスを着ていく、
　　　　　　　　　　　　本を持ってくる
c. 継起　　　　　　　例　買っていく、食べてくる
d. 感覚的原因の到達　例　においがしてくる、
　　　　　　　　　　　　音が聞こえてくる

①aの移動の様態で実際に言いたいのは「行く」「来る」という移動のほうです。「歩いて」や「飛んで」はその様態を示しています。

①cの継起の用法では「買う」と「行く」は同等な動作としての重みをもっています。①bの結果を伴った移動はこれらの中間的な用法です。「～ていく」に①dの用法はありません。

● 英語などでは聞き手の立場に立って 'I'm coming.' と「(～て)くる」にあたる表現を使いますが、日本語ではあくまでも話し手の視点から「(～て)いく」を使います。日本語でも方言によっては聞き手の視点に立って「(て)くる」を使う方言があります。

● 日本語では「歩く」「飛ぶ」だけでは移動を表しませんので、「×駅へ歩く」などは不自然です。

● ①dを除くと実質的な移動をともなっていますから、「～て行く」「～て来る」のように漢字で書かれることもあります。

日本語では、ある動作が話している場所と異なる場所で行われる場合や、他の場所へ移動することが前提となっている場合、その後の移動まで含めて表現します。たとえば今いる場所と異なる場所で「買う」のであれば「ちょっと雑誌買ってくるよ」といいます。「ちょっと雑誌買うよ」は、その場で買います。挨拶の「行ってきます」も同様に考えることができます。「行きます」だけだったら「帰ってこない」ことが含意されてしまいます。

　②の対象の移動は「～てくる」だけが問題となります。「北海道の友人が毛ガニを送ってきた」の場合、移動するのはガ格の「北海道の友人」ではなく、ヲ格の「毛ガニ」です。

　対象移動の「～てくる」はないと奇異に聞こえることがあります。たとえば「北海道の友人が毛ガニを送った」だったら、誰に送ったのかわかりません。また、「×北海道の友人が私に毛ガニを送った」も変な感じがします。「送ってきた」とすることによって私への方向性が明確になり、「私に」をあえて言わなくてもわかるのです。

　日本語では「私」の方向に何かが移動する場合には、「～てくる」をつけなければならないものが多くあります。「大学のときの友人が私に手紙を｛×書いた／○書いてきた｝。」のように具体的な物の移動の場合のほかに、「見知らぬ人が私に声を｛△かけた／○かけてきた｝。」のように、目に見えない声の移動にも、「～てくる」は必須です。

[2]　時間的推移

　「～ていく・～てくる」には、ある時点を基準にして、それ以後やそれ以前の推移を表す用法もあります。

　ある時点以降の推移を表す場合には、「～ていく」を使います。「これから外国籍児童生徒は増えていくだろう」といった場合、「増える」という変化が「現在」という時点を基準として今後続いていくことを表しています。「これからも一生懸命学んでいく」のような変化を表す動詞以

● 自動詞の「来る」は主体の移動しか表しませんから、対象移動は補助動詞独特の用法と考えられます。

●「私にお金を貸してきた」や「娘が子どもを預けてきた」などの「～てくる」は、「必要でないものを押しつけてきた」というニュアンスを生じます。これは「借りる」や「預かる」という受け手側からの表現があるためです。

●「～てくれる」を使っても「私」への方向性を表すことができます。「×私に貸した」とは言えませんが「私に貸してくれた」と言うことはできます。

●「ランナー、走ってきました」や「バッター、打ってきましたね」のような「～てくる」もあります。臨場感を高めるため、仮想の視点をグランド内に置いて表現していると考えられます。

外では「学ぶ」という動作の継続を表します。

逆に、ある時点までの推移を表す場合には「〜てくる」を用います。

> 補助動詞は、助動詞よりも後の時代に発達したものです。そのため、なくても日本語としておかしくない文が、補助動詞があると表現に深みが増すということもあります。たとえば、「世界中の人と交流をしていけば、世界が広がっていく」のような場合、「〜ていく」を省略して、「世界中の人と交流をすれば、世界が広がる」といっても、述べたい事実は変わりません。「〜ていく」を用いると、徐々に変わっていく様がより強く印象づけられるために用いられているのです。私たちが国語で文法を教えるとき、まず第一に考えるべきことは、豊かな表現方法を持たせることです。補助動詞はそのための有効な手段となります。

5. 試行を表す補助動詞

「〜てみる」は「試しに〜する」「よくわからない状態で〜する」という意味をもった補助動詞表現です。「服のサイズが合うかどうか、着てみた」や「試しに買ってみよう」のように使います。

「〜てみる」には「試しに」という意味が込められていますから「ちょっと」や「少し」など量が少ない場合には「ちょっと食べてみてください」と言えますが、「たくさん」のように多い場合には「たくさん食べてみてください」とは言いにくく感じられます。

「なんでも一度食べてみなければわからない」のように「食べた」結果として何かがわかるという意味の場合にも用いられます。しかし、「思ったことを書いてみましょう」のように、「書きましょう」と意味にあまり差がない場合もあります。

「〜てみる」は特別な条件文を作ることがあります。「あ

いつにそんなこと言って<u>みろ</u>、ぽこぽこに殴られるぞ」と言った場合の「〜てみろ」は命令形ですが、実際に「そんなことを言う」ことを命令しているわけではありません。「そんなことを言ったら（その結果として）」という仮定の意味で用いられています。

　動作の結果を他の人に認識させる場合には「〜てみせる」を使います。「意地になって嫌いなピーマンを食べて<u>みせた</u>」「えらくなって<u>みせる</u>！」などのように使います。

　「作文を書いてみせた」のような、生産物がある動作の場合、実際に「見せた」という意味と非常に近くなります。

●命令形は、活用表で仮定形の隣にあります。五段動詞ではどちらの活用形もエ段で表されます。形式的に近いということは、働きの点でも近さをもっているということです。命令形を使った「どっちに<u>しろ</u>彼はこない」や「どこで<u>あれ</u>生きていける」の「しろ」や「あれ」は、意味的には「ても」という仮定の意味をもっています。

§12. 助動詞と似た働きの形式(2)

もう一歩進んで考えてみよう

(1) みなさんの方言では「～ている」を「～とる」や「～よる」または、「～てる」などで言うことがありますか？この場合、これらの表現は助動詞とどう違いますか。

(2) 料理番組などでは、「～てあげる」が文末で使われて「ここでバターを塗ってあげます」という表現を聞くことがあります。このような「～てあげる」が使われる意味を考えてみてください。

(3) 関西地方などを中心に、「値段は本の後ろに書いて<u>います</u>」という言い方が聞かれます。共通語では「書いてあります」か「書かれています」を使うはずですが、最近では、共通語としても「紙に書いています」を書いた結果が残っているという意味で使われているようです。どのような場合に「～てある」の代わりに「～ている」を使うのでしょうか。

(4) 声や知識などの抽象的なものも含めて移動を含まない動作に「～てくる」はふつうつきませんが、「怒ってきた」や「無視してきた」と言えることもあります。どのような場面で使うか考えてみましょう。

教科書ではこんな風に扱われています。

～補助動詞と分かち書き～

　小学校低学年の教科書では文節ごとに区切った分かち書きが一般に行われています。補助動詞は文節で区切るとよくわからなくなります。

　光村図書『こくご一下　ともだち』の「たぬきの糸車」から例をひろってみましょう。補助動詞を含む連文節に下線を引いておきます。

(1) むかし、ある　山おくに、きこりの　ふうふが　<u>すんで　いました</u>。
(2) 山おくの　一けんやなので、まいばんのように　たぬきが　<u>やってきて</u>、いたずらをしました。
(3) ある　ばん、こやの　うらで、キャーッと　いう　さけびごえがしました。おかみさんが　こわごわ　<u>いって　みる</u>と、いつものたぬきが、わなに　<u>かかって　いました</u>。
(4) たぬきじるに　<u>されて　しまうで</u>。
(5) おかみさんは、そう　いって、たぬきを　<u>にがして　やりました</u>。
(6) きこりの　ふうふは、村へ　<u>下りて　いきました</u>。
(7) 白い　糸の　たばが、山のように　<u>つんで　あった</u>のです。

　主立った補助動詞がでてきていますが、本当に空白のあるところで間を入れて区切ったり、間投助詞の「ね」を入れたりしたら変な意味になってしまいます。

　特に(2)の「やってくる」は「やる」という動詞に実質的な意味はなく、「やってくる」で一語になっています。また(3)も試行の意味での「行ってみる」なのか、継起的な「行って見る」なのか、漢字を使わなければうまく表されません。

　補助動詞のような文法化によってもともとの意味を失った形式は、助動詞のように一語として扱い、分かち書きしないほうが意味は掴みやすくなります。

§13. 敬語

学校文法の敬語には３種類あります。

尊敬語は動作や存在、変化などの主体を敬う表現です。規則的には「お〜になる」や助動詞の「れる／られる」で表します。「お〜」「〜様」のような接辞や、「あなた」などの名詞を尊敬語に含める場合もあります。

謙譲語は主として話し手がへりくだって言う言い方とされます。規則的には「お〜する」の形を使います。名詞の「私(わたくし)」や接辞の「粗〜」「拙〜」などを含むこともあります。

尊敬語と謙譲語には不規則な形が多くあります。

		尊敬語	謙譲語
規則的	書く	お書きになる／書かれる	お書きする
	受ける	お受けになる／受けられる	お受けする
不規則	言う	おっしゃる	申し上げる
	行く	いらっしゃる	参る
	来る	いらっしゃる	参る
	いる	いらっしゃる	おる
	訪ねる	お訪ねになる	伺う
	食べる	召し上がる	いただく
	見る	ご覧になる	拝見する
	する	なさる	いたす
	寝る	お休みになる	

丁寧語は話し方を丁寧にする表現で、助動詞の「です」「ます」によって表されます。

「お茶碗」のような**美化語**を含める教科書もあります。

こんなことを考えてみましょう

① 謙譲語は主語を低めると言うけれど、「私が本を買う」をへりくだって言うと「本をお買いする」になるの？
②「どなたでもご利用できます」は正しい敬語でしょうか。
③ お母さんに「お弁当作った？」じゃ失礼だから、「お作りになった？」というのですか？

●「お」は和語に、「ご」は漢語につくのが基本です。ただし「お遊戯」「お茶碗」「お弁当」など日常語として使われ、漢語という意識が薄れた場合には「お」も使われます。このセクションでは「お」で代表します。

●「れる」は五段動詞の未然形につきます。「られる」は一段動詞の語幹につきます。

●接頭辞、接尾辞は接頭語、接尾語とも呼ばれます。「辞」は「語」のような自立性がない場合に用いますが、それほど厳密には区別されていません。

●不規則な尊敬語には、「言われる」「食べられる」のように、すべてに「れる」「られる」の形もあります。一方、不規則な謙譲語については、「お訪ねする」以外に、「お〜する」の形を併用するものはありません。

1. 敬語の種類

学校文法の敬語には尊敬語・謙譲語・丁寧語の3種類があると言われています。

[1] 尊敬語

尊敬語は「お〜になる」もしくは「れる／られる」で表します。「れる／られる」のほうが相対的に軽い敬意を表します。

不規則な形は一般に高い敬意を表す表現です。

尊敬語は動作・変化・状態の主体を高める働きをします。このような主体は通常、主語(⇒§3)でありガ格で表されます。「先生がいらっしゃる」「社長がお帰りになる」はガ格で表される主語を高めています。

格助詞「に」がついた名詞を高めることもあります。「先生には3人のお子さんがおありになる」は「おありになる」という尊敬の形を使っていますが、尊敬しているのは「お子さん」ではなく「先生」です。「先生にはおわかりにならない」の場合も同じです。

[2] 謙譲語

尊敬語が動作や状態の主体を高めるものとすれば、謙譲語は何でしょうか。学校文法の謙譲語は「主として話し手がへりくだって言う言い方」とされますが、それは次のような2種類の「謙譲語」があるからです。

まず「動作の対象を高める」謙譲語です。「社長に書類をお渡しした」や「先生をよくお見かけする」の場合、敬意はニ格やヲ格で表されている名詞に対して向けられています。これらは広く動作の対象として捉えることができ、このような動作の対象を高める敬語を狭い意味での謙譲語と呼んでいます。

「お〜する」のほか、p.146の表にある「伺う」「いただく」「拝見する」が、この狭い意味での謙譲語の形式です。

●尊敬語を作る形として取り上げられることは少ないですが、「お帰りだ」や「お書きです」のように「お〜だ／です」という形もあります。

この「お〜だ／です」は現在の状態を表す場合によく使われますが、「今、おみえです」のように近接未来の出来事や「たった今、お帰りです」のように完了した出来事に対しても使われます。

●「いらっしゃる」の「〜て」「〜た」の形は、「いらっしゃって／た」のほか、「いらして／た」もよく使われます。

●ニ格名詞を主語と考えるかどうかは立場によって異なります。

●「先生から伺った」のようにカラ格の名詞が敬意の対象となることもあります。

§13. 敬　語

●「知っている」の意味の「存じている」は「先生のお名前を存じております」の場合は謙譲語、「場所は存じております」の場合は丁重語です。

●「子どもに本を買う」や「恋人にセーターを編む」のように、動作結果として生じた物を受け取る人がニ格で表わされることがありますが、このようなニ格を高めて「×先生に本をお買いする」や「×恩師にセーターをお編みする」ということはできません。

●キュー（cue）とは、文型練習のために教師が与える短い指示のことです。

●文型練習ばかりやっていると単調になります。形式が習得できたら、運用の練習に結びつけましょう。

●丁重語も場面敬語の一種です。

　もう1つは「動作や状態の主体を低める」謙譲語（**丁重語**）です。「さあ参りましょう」の「参る」、「明日は家におります」の「おる」、「山田と申します」の「申す」、「一生懸命練習いたしました」の「いたす」などがこの類に入ります。丁重語は、高めるべき動作の対象がなく、結果として主語をへりくだらせて示しています。

　謙譲語の代表的な形式として挙げられる「お〜する」は、「動作の対象を高める」謙譲語専用の形式であって、丁重語としては使えません。動作の対象をとらない自動詞「(私の背が)伸びる」を「×お伸びする」のようにいうことはできませんし、動作の対象が敬意の対象とならない「魚を釣る」を「×魚をお釣りする」とはいえません。丁重語の一般的な形は「〜(さ)せてもらう / 〜(さ)せていただく」です（⇒ 3.[3]）。

　学校文法の謙譲語には実は、動作の対象を高める謙譲語と、動作や状態の主体を低める丁重語の2つがあるのです。

> 尊敬語と謙譲語は、まず形に慣れることが大切です。国語教育では口頭練習をあまりしませんが、「書く」というキューを先生が与え、それに児童生徒が「お書きになる」と答えたり、フラッシュカードという紙片に動詞を書いたものを見せて謙譲語を答えさせたりする方法も有用です。尊敬語や謙譲語は外国語学習と同じだと割り切って、まずは口頭練習を行って形式の定着を図ります。

[3]　丁寧語

　尊敬語と狭い意味の謙譲語はある動作に関わる人物（=出来事の素材）に対する敬意を表す**素材敬語**です。一方、丁寧語は聞き手や場面に対する丁寧さを表す**場面敬語**です。

　丁寧語は「名詞 / 形容詞 / 形容動詞＋です」「動詞＋ます」で表します。非常に丁寧な場合、「ございます」も使います。

　先生に対しては「何時にいらっしゃいましたか」と言うなど、「尊敬語＋丁寧語」で話しますが、気の置けない友

だちに対しては「昨日、先生がいらっしゃったよ」のように丁寧語を使いません。

この場合、主語の「先生」に対する敬意は、どちらも「いらっしゃる」という尊敬語を使って表されています。先生という出来事の素材に対する敬意は示されているわけです。素材に対する敬意に付け加えられる形で、話の場面に応じて、丁寧語の使用の有無が選択されているのです。

このように尊敬語や謙譲語のような素材敬語と、丁寧語のような場面敬語はレベルが異なるため、尊敬語と丁寧語、謙譲語と丁寧語を同時に使うことができます。

●現代語では尊敬語と謙譲語を同時に使うことはできません。

「夏休みで人が多いです」「とてもつらいです」のように、形容詞に続く「です」は、やや自然を欠くという人も少なからずいます。話しことばでは、終助詞の「よ」や「ね」をつけると自然さが増します。一方、書きことばでは「多くいます」のように、形容詞を連用形にして、その後に動詞を続けるなどすると自然に感じられます。また、「つらい心境です」のように、名詞を介在させる方法もあります。

●「形容詞＋です」は、戦後、国語審議会で認められた形です。

[4] 美化語

「おかし」「ご家族」など、日常、特に敬意を表す必要がなくても「お」や「ご」をつけて表すことばがあります。このような特に敬意を表さない「お／ご」＋名詞は**美化語**と呼ばれます。

美化語は自分自身の言葉遣いを美化したい、つまりきれいに見せたいときに使います。独り言で使われることもあります。

「おかし」は「かし」ということばがありますから「お」は接頭辞ですが、「ごはん」や「おやつ」の「ご」や「お」は切り離すことはできません。

このような美化語は、ふつう外来語にはつきませんが、「おビール」のように、非常に限られた外来語にはつくことがあります。

●「ご出世」「お食事」のように「出世する」「食事する」のような動作を前提とする名詞についた場合は尊敬語です。「お宅」「ご家族」のように「（敬意の対象）の〜」という場合にも便宜的に尊敬語に位置づけられますが、より美化語に近い存在です。

2. 間違えやすい敬語表現

実際の運用では次のような間違いとされる例がよく見られます。

[1] 過剰な敬語の使用

尊敬語は「お～になる」または「れる/られる」で表されますが、話しことばでは「ご覧になられる」「お出でになられる」のように「お～なられる」のような形で表れることもあります。これらは「お～になる」と「れる/られる」が同時に使われている**二重敬語**です。「ご覧になる」か「見られる」だけで十分敬意が示されると考えられています。

「お」の乱用も過剰な敬語使用とされることがあります。「<u>お</u>向かいの<u>お</u>嬢さんも<u>お</u>年頃だからいい<u>お</u>相手を<u>お</u>捜しのようよ」のように、つけようとすればすべての名詞に「お」がつきます。

「お嬢さん」は単独で「嬢さん」ということは、ふつう、ありませんし、「お相手」と「相手」では語としてのニュアンスが異なるかもしれません。このような語としての特性もありますが、一般に名詞につく「お」は、基本的に美化する意識で使われているので、使わなくても動作主や動作を受ける人を低く待遇することはありません。

また、「その件につきましては」や「社の方針に対しまして」の「について」「に対して」のような複合格助詞は、本来的には名詞句と述語との関係を表すものですから丁寧にする必要はありません。実際には、動詞に由来する語源意識から、丁寧な形がよく使われています。

敬語の過剰使用は、特に話しことばで顕著です。自分のことばを丁寧に見せようとする意識の表れと捉えれば、使わないよりもましなのかもしれません。

[2] 尊敬語と謙譲語の混同

尊敬語は「お～になる」、謙譲語は「お～する」で、ど

●「亡くなる」もそれ自体で尊敬語ですから「亡くなられる」は二重敬語と言えるかもしれません。ただ「亡くなる」を「逝去」に対する「死亡」のように単独では敬意を十分に表していないと捉える人もいます。その場合には主語に対する敬意を表す表現をつける心理が働くものと考えられます。

また身内にも「父が亡くなった」のように使います。

●名詞修飾節の中での敬語については、次の原則が考えられます。「振り込みをお待ちの田中様」という非限定的名詞修飾(p.80参照)の場合、「田中様が振り込みをお待ちだ」ということが含まれているので、尊敬語を用います。一方、限定的名詞修飾の「番号札をお持ちの方はこちらにお並び下さい」では「番号札を持った方は～」と言っても、「持った」が「方」を限定しているだけなので、本来は失礼になりません。ただし、実際には尊敬語がよく用いられています。

ちらも特殊な形のものを除けば「お」で始まります。「〜になる」と「〜する」という形であれば、まだ見分けもつきますが、可能の形になるとわかりにくくなります。

「×ご利用できます」という形はなぜ間違いなのでしょう。「できる」は「する」の可能の形です。ということは、「ご利用できます」は「×ご利用することができます」と同じ意味を表すことになります。「ご利用する」は謙譲語ですから、動作をする人を敬ってはいません。文法的に得られる正しい形は「ご利用になれます」ということになります。

[3] 語彙的なもの

「食べる」の尊敬語には「召し上がる」があります。しかし「お食べになる」や「食べられる」という形もよく用いられています。

「れる／られる」を間違いだと教える必要はありません。何より学校文法の参考書には、必ず「れる／られる」に尊敬の意味が載せてありますし、実際によく使われています。

大切なのは、敬意の度合いの違いを教えることです。非常に高い敬意を示す必要がある場合は、やはり「お〜になる」を使いますし、身近な先輩格の人には仰々しい「お〜になる」よりも「れる／られる」のほうが適当です。表したい敬意によって使い分けるとよいでしょう。

[4] 相対敬語

「社長がいらっしゃいました」のように、社内では基本的に「社長」に対して尊敬語を使います。しかし、社外の人に対しては「社長が参りました」と丁重語を用います。これはなぜでしょう。

日本語では家族や会社などの組織の内の人物が敬意の対象であっても外の人物に対してその動作・状態を述べる場合には、敬語を使わない言い方をします。たとえば社外から電話で「社長さんはいらっしゃいますか」と問われた場

●「×お求めやすい」も文法的に間違った表現です。たとえば同じように「×ご利用やすい」などとは言えません。「やすい」は動詞の連用形につくもので名詞にはつきません。「お求め」は「お求めだ」や「お求めの」と言えるように名詞に相当する働きをもっています。「お求めになりやすい」などの表現にする必要があります。

§13. 敬語

合、「×(社長は)いらっしゃいます」と答えるのは共通語ではおかしいものとされています。この場合、丁重語を使って「(社長は)おります」と答えなければなりません。

このような内の人物を外の人物に対して低めて言う待遇表現を**相対敬語**といいます。

[5]　持ち主の敬語

間違いなのか微妙なところにあるのは「XはYがお〜になる」という形の敬語です。たとえば「先生は熱がお下がりになった」は、考えてみれば変な敬語です。「お〜になる」の主語は「熱」であって(尊敬すべき)「先生」ではありません。

このようにYがXの一部や持ち物の場合に、Xに対する敬意を「Yがお〜になる」の形で表すことがあります。

身体部位など切り離せないものによく使われます。

3. 学校文法の敬語、ここが疑問！

学校文法では敬語を、尊敬語、謙譲語、丁寧語(と美化語)に分けます。しかし何のために分類を理解するのでしょう。

実際に敬語は使えるようにならなければ、絵に描いた餅です。使うためには、もっと広く、出来事に関わる人をどう待遇するか考えることも必要です。

[1]　「お母さん、お弁当作った？」じゃだめなの？

日本語では恩恵を表すことで、待遇的な扱いを表すこともあります。特に、自分が恩恵を受ける場合には、その恩恵を「〜てくれる・〜てくださる」「〜てもらう・〜ていただく」を使って表さないと失礼に聞こえます。

「お母さん、お弁当作った？」も、お母さんが自分の弁当を持って行く場合であれば問題ありません。しかし、私の弁当であれば、やはり「作ってくれた？」としなければ、十分に感謝の気持ちを表せません。

● 西日本の方言には、身内であっても話し手より上の人物に対して敬語を使うものがあります。たとえば「お父さんいらっしゃいますか」という問いかけに対して、家の子は「いらっしゃいます」のように表現を使います。これを**絶対敬語**といいます。韓国・朝鮮語も絶対敬語です。

● このように話し相手や第三者をどのように待遇しているかを表す表現を**待遇表現**と呼びます。

また、「×先生、私のレポートを見ることができますか？」とも言いません。自分にとって有益であることは「見ていただけますか？」か「見てくださいますか？」のように恩恵をあらわさなければなりません。

　学校教育の敬語の最大の問題点は、このような恩恵表現を含めていないことです。

[2] 「傘、貸して差し上げましょうか」は失礼なの？

　「～てやる」「～てあげる」「～てさしあげる」は、恩恵を与える表現です。特に「～てさしあげる」の使い方には注意が必要です。

　目上の人に対して、本動詞の「差し上げる」を用い、「これ、差し上げます」というのは、ほかに、「どうぞ」などの表現もありますが、それほど失礼ではありません。

　しかし、「～てさしあげる」は違います。「×先生、これ貸してさしあげましょうか」は、ことさらに恩恵を表すため恩着せがましく失礼と感じられます。

　この場合、謙譲語を使って、「お貸ししましょうか」と言えば失礼にはなりません。「使ってください」のように、私にとって有益なことと捉えれば、もっとへりくだった丁寧な表現になります。

　「相手のため」ではなく、「自分のため」と捉えることも、大切な待遇表現です。

[3] 「会を始める」はどうやってへりくだるの？

　学校文法で謙譲語は主語をへりくだらせる表現。その形式は「お～する」と教えます。しかし、すでに1.[2]で見たように、相手がいない動作には「お～する」は使えません。たとえば「（私が）会を始める」という表現をへりくだって言う場合、「×会をお始めします」では不自然です。

　単に主語を低める丁重語は、どうやって表現するのでしょう。

　「開始する」のような漢語動詞の場合、「開始致します」

●韓国・朝鮮語にも「～てあげる」に相当する表現がありますが、日本語と異なり、受け手にとって有益なことであれば使えます。たとえば日本語では客に対して「荷物を包んであげましょうか」は失礼ですが、韓国・朝鮮語では失礼にはなりません。

§13. 敬　語

といえば丁重語になります。しかし、和語の動詞は、この「致します」では丁重語を表現できません。代わりに、「始めさせていただきます」のような「～(さ)せていただく」です。

「～(さ)せていただく」は、和語にも漢語にもつくので便利ですが、特に動作の相手がある場合には謙譲語を用い、過剰な使用は差し控えたほうがよいとされています。

[4]　「～のほう」って使っちゃいけないの？

日本語ではぼかすことで丁寧さを表します。遠くを指す「あなた」を二人称に使うのも、ぼかし表現の一種ですし、「食べ過ぎだよ」というよりも、程度を弱めて「<u>少し食べ過ぎじゃない？</u>」と言ったほうが丁寧に聞こえます。

「お茶を入れましたよ」や「今度、結婚することにしました」を、動作主が要らない「入る」や「なる」のような自動詞を使って、「お茶が入りましたよ」や「今度、結婚することになりました」と言ったほうが丁寧に聞こえますね。これもぼかし表現の一種です。

「お茶<u>のほう</u>お入れしますか？」「お会計<u>のほう</u>、5000円になります」はどうでしょうか。ぼかしている点では上の表現と共通点をもっていますから、間違いとは言えません。ただし、どの名詞にもつきますので、使いすぎには注意しなければなりません。

●「～になります」については、§10-1.を見てください。

[5]　「今の授業、上手でした」ってほめられても…

日本語では「×先生、今の授業、とてもよかったです」や「×部長も忘年会にいらっしゃりたいですか」とはふつうは言いません。

形の面では何一つ規則を犯したりしていないにもかかわらず、このような表現がおかしいと感じられるのはなぜでしょう。それは日本語に、目上の人に対して褒めたり、意志・意向を聞いたりしてはいけないという待遇上のルールがあるからです。

●「部長、お歌、お上手ですね」など、本来的に部長の資質として備わっているもの以外についてであれば褒めてもかまいません。

学生はどんなに先生の授業がよかった場合でも、それを直接褒めることはできません。よい授業をすることは「当然」なことであり、敢えて口にするものではないというのが日本語の捉え方なのです。だから、生徒にこのようにほめられた先生は、待遇表現をきちんと教えていないということになるのです。

　意志や意向を尋ねない代わりに、「いらっしゃいませんか」のような勧誘の形を用いることは可能です。

[6]　結局、敬語ってどう捉えたらいいの？

　敬語だけでは相手を適切に待遇することはできません。もう少し広く、待遇表現を捉えることが必要です。

```
          ┌ 敬語 ┌ 素材敬語 ┌ 尊敬語：「お〜になる」「れる／られる」…
          │      │          └ 謙譲語：「お〜する」「伺う」…
          │      └ 場面敬語 ┌ 丁寧語：「です」「ます」「ございます」
高い待遇 ┤                  └ 丁重語：「いたす」「参る」「〜（さ）せていただく」…
          │ 美化語：「おかし」「お天気」…
          │ 恩恵表現：「〜てくれる」「〜てもらう」…
          │ ぼかし表現：「〜のほう」、自動詞表現…
          └ 褒め方・尋ね方…
低い待遇   卑罵(ひば)表現：「食う」「〜やがる」…
```

　敬語は、高く待遇する表現の1つです。高く待遇するということは、同時に敬遠するということにもなります。「です」「ます」しか使えない留学生が、いつまでも友だちができないということもあります。

　相手との距離を的確に測って適切な待遇表現を使うことこそ重要です。

● 他に、「俺のお出ましだぞ」のような話し手自らを高める自尊表現もあります。

> 　学校の先生は待遇表現がきちんと使えているでしょうか。敬語が正しく使えることはもちろん、学校外の人を適切に待遇していますか。児童・生徒に教える前に、まず隗より始めよです。敬語は、テストのために教えるのでなく、使って人間関係を円滑にするために学ぶのです。

§13. 敬　語

もう一歩進んで考えてみよう

(1)　ある雑誌に「先生、めし、喰われました？」のような表現を学生から聞くと載っていました。この表現は2つの心理が働いていて、非常におもしろい表現です。
　　どのような心理が拮抗した場合にこのような表現が生まれるのでしょう。
　　また、「めしを喰う」以外に、このような表現ができるか考えてみましょう。

(2)　コンビニなどで聞かれる「弁当をお温めしましょうか」が奇異に感じられるのはなぜでしょうか。また、代わりの表現としてはどのようなものが考えられますか。

(3)　「この本、貸してくれてありがとう」ということはできますが、「×この本、貸してもらってありがとう」とは言いにくい感じがします。この理由を言って下さい。
　　さらに「ご本をお貸しいただきありがとうございます」のように「てもらう」の謙譲語「ていただく」を使うとより自然に聞こえますが、その理由も考えてください。

教科書ではこんな風に扱われています。

～文学作品での敬語の使われ方～

　いくつかの中学国語の教科書でも扱われている太宰治の「走れメロス」では、王とメロスの会話が次のように進んでいきます（地の文は省略します）。メロスのことばの述部の形に注目してみましょう。

メロス：　町を暴君の手から救うのだ。
王　　：　おまえがか？　しかたのないやつじゃ。おまえなどには、わしの孤独の心がわからぬ。
メロス：　言うな！　人の心を疑うのは、最も恥ずべき悪徳だ。王は、民の忠誠をさえ疑っておられる。
（中略）
メロス：　ただ、わたしに情けをかけたいつもりなら、処刑までに三日間に日限を与えてください。たった一人の妹に、亭主をもたせてやりたいのです。三日のうちに私は村で結婚式を挙げさせ、必ず、ここへ帰ってきます。
王　　：　ばかな。とんでもないうそを言うわい。逃がした小鳥が帰ってくると言うのか。
メロス：　そうです。帰ってくるのです。わたしは約束を守ります。私を三日間だけ許してください。妹がわたしの帰りを待っているのだ。そんなにわたしを信じられないならば、よろしい、この町にセリヌンティウスという石工がいます。わたしの無二の友人だ。あれを人質としてここに置いていこう。私が逃げてしまって、三日目の日暮れまで、ここに帰ってこなかったら、あの友人を絞め殺してください。頼む。そうしてください。

　メロスのことばを見ると、はじめ、王に対して尊敬語は使っていますが、丁寧語は使われていません。これに対し、後半の特に懇願の場面では丁寧語を多用しています。

　敬語の使用・不使用で気持ちの混乱や、独り言と人に向かっての発話を使い分けているとも考えられます。

§14. 文章・談話

● 話しことばの文がつながったものを**談話**と呼びます。書かれた文章を含め、談話と呼ばれることもあります。

文をつなげて文章を書いたり、談話として話したりすることにも文法はあります。学校で教えられるこれらの文法には次のようなものがあります。

① 終助詞：文末につき以下の意味を文に加える助詞
　か：疑問・反語・詠嘆　　　　　な：禁止
　な・や：感動・詠嘆・念押し　　ぞ：念押し
　よ：感動・念押し・呼びかけ　　とも：強調
　さ：軽い断定・強調・念押し　　の：疑問・軽い断定
　わ・ね（ねえ）：感動・詠嘆・軽い念押し

② 接続詞：文と文、文節と文節、語と語の関係を示す自立語
　順接：したがって、だから、それゆれ、それで、…
　逆接：しかし、けれども、ところが、だが、でも、…
　並立・累加：そして、および、また、それから、…
　対比・選択：あるいは、それとも、もしくは、…
　補足：つまり、すなわち、要するに、たとえば、…
　転換：さて、では、ところで、ときに、…

● 接続詞は接続助詞（⇒§6）と関連が深い表現です。

ほかに文章の書き方として、文章構成や主題の置き方が教えられますが、これらはことばのきまりというよりは類型ですので、ここでは深く扱いません。

● 文章構成には、起承転結型、三段論法型などがあります。また、主題の位置としては頭括型、尾括型などがあります。いずれも接続詞と関連し、論理展開の点から3.でふれます。

> **こんなことを考えてみましょう**
>
> ① 先生に主語のない文はだめだと言われたのですが、「僕は6時に起きました。僕はごはんを食べました。僕は…」と「僕は」を繰り返すとなんだかくどいように感じます。繰り返したほうがいいのでしょうか？
> ② 終助詞の意味として挙げられる「強調」とは何を強調したものですか？

1. 学校文法の文章・談話、ここが疑問！

[1] 発信よりも受信が大切なの？

　読む、書く、聞く、話すという言語の4技能は、読む、聞くという受信と、書く、話すという発信に分けられます。

　今までの学校の文法は、どちらかというと受信の側に重きを置いた文法でした。しかし、現代社会では発信が重要です。この発信のためには、ある形式がどのように分類されるかや、どのような意味・用法をもつかというラベル貼りよりも、それがどのような働きをもっていてどうやって使うかが重要です。

[2] 「暑いなあ」の本当の意味は何？

　文の形と文の発話の意図とは重なる場合もありますが、ずれることもあります。たとえば、「廊下は静かに歩くこと」のような「こと」は、命令と同じ働きかけを意図した表現です。語源ばかりを探って形式名詞「こと」を論じるよりも、全体でどのように使うかを考えなければなりません。

　「窓を開けてくれるとありがたいんだけど」も、字義的には状況の変化に対する評価を通して願望を表すだけです。しかし、聞き手がその状況に変える能力があることによって、依頼と同様の効力を持ちます。

　さらに、「暑いなあ」のような現状に対する不満足を述べ立てる文も、裏を返せば反対の状況への願望であり、「窓を開けて下さい。」と同じく依頼の意味を持つことがあります。

　日本語では不満足の表明は、それに対応できる能力のある人が解消すべきものと、社会的ルール、つまり言語運用の文法で決まっているのです。

　学校文法は形の意味を重視して、運用のルールを教えません。そのため、「そんなこと言われていない」という一面的な受け止め方がされるのです。

　形と働きにはずれがあるものとして、間接的な発話の意図にも注意が必要です。

●評価や述べ立てを表す文が依頼文に用いられるなど、文の形と実際の運用における発話の意図の対応は、言語や社会によって異なります。

2. 終助詞

「雨が降る」という発話1つとっても、「雨が降るよ」と言えば伝達に、「雨が降るね」と言えば確認に、「雨が降るか?」と言えば疑問になります。終助詞は文をどのように伝えるか(または伝えないか)を決める重要な助詞です。

ここでは終助詞を次の3点の特徴から捉えて分類します。
① 聞き手や読み手の存在の有無
② 話し手の知識の量の捉え方
③ 伝達の強さ

終助詞は基本的に話しことばで使われますが、読み手を意識した書きことばでも使われます。

[1] 発信系終助詞

終助詞のうち「ぞ」「さ」「わ」は、聞き手の有無にかかわらず、情報発信に添えて使います。「雨が降る<u>ぞ</u>」と独り言で強い断定を述べることもできますし、誰かに強く伝えることもできますが、話し手だけがもっている情報である(と話し手が考えている)点で、ほかの終助詞と違います。

誰かに伝える場合、話し手が述べている情報を聞き手がもっていないと話し手は考えています。聞き手がいてもいなくても話し手が情報を優位にもっているのです。

「ぞ」は最も強く発信しているときに使われます。「春は近いぞ」は、独り言では強く断定した表現ですし、聞き手がいれば強く伝える表現です。ただし命令文で「×行け<u>ぞ</u>」のようには使えません。

「さ」は話し手が当然だと考えていることを発信する場合に使います。「どうせ無駄<u>さ</u>」のようにあきらめのニュアンスをおびることもあります。

「わ」は相対的にやわらかい発信を表します。「行く<u>わ</u>よ」のように「よ」と重ねて使うこともあります。

「よ」は、「どうせ僕はばかだ<u>よ</u>」と独り言でも言えるので発信系終助詞と捉えますが、聞き手がいる場合に用いら

● 終助詞については性差が関与することがありますが、流動的であるため、ここでは性差については触れないことにします。

● 禁止を表す「な」は「動詞の終止形+な」全体が禁止を表すと捉え終助詞には入れません。

● 「ぜ」も「ぞ」に近い用法をもちますが独り言では用いにくいようです。

● 「や」は「もういいや」のようなあきらめを表すほか、命令文について「来い<u>や</u>」のように「よ」に近い用法ももちます。

● 「よ」にはほかに「風<u>よ</u>、吹け」のような呼びかけの用法もあります。

れるのが一般的です。「これ落としたよ」のような伝達場面では、「よ」がない「これ落とした」は、伝えている感じがでません。また「行けよ」のような命令文や、「行こうよ」のような勧誘文にも使います。

これらの終助詞は情報発信を強く表現します。目上の人と話すときには「〜ですよ」のような丁寧さを含んでいても、なれなれしい印象を与えることがあります。終助詞を使わない発信も重要です。

いずれも音の強さやイントネーションでニュアンスが大きく変わります。そのような音声的な特徴を添えるために用いられるのがこれら「ぞ」「さ」「わ」「よ」です。

● 話し手がどのような人であるかを最も表しやすいのが、この発信系終助詞です。

● 終助詞にはふつう分類されませんが、「が」や「から」で言いさす言い方もためらいを含んだ伝達に使われます。

[2] 確認系終助詞

「ね」の基本的な用法は、聞き手がよく知っていると話し手が考えている情報を聞き手に確認要求することです。「あなたは田中さんですね」のように話し手よりも聞き手のほうがよく知っている情報や、「明日から冬休みですね」のように聞き手が話し手の同等に持っていると考えられる情報について、話し手は聞き手に確認を求めます。

疑問文と異なり、話し手は何らかの情報をもっていますが、確信がないので聞き手に確認を求めているのです。

「ね」は「A：春ですね。」「B：そうですね。」のように、確認要求の答えにも使います。ただし、「あなたは田中さんですね」のように問われた側がもっているべき情報を「×はい、そうですね」と答えることはできません。

「ね」は「おつりは300円ですね」や「私が行きますね」のように、聞き手が話し手ほどの情報を持っていないことがわかっている場合にも用いられます。この場合の「ね」は「よ」に近いですが、形の上では確認をしていますので「よ」より丁寧に聞こえます。

「よね」も話し手の不確かな情報を聞き手に確認する終助詞です。「明日行きますよね」は「明日行きますね」よりも重ねて確認するというニュアンスが強く出ます。

● 「な」にもほぼ「ね」と同様の用法がありますが、「ね」ほど丁寧ではありません。「おまえ田中だな」と言えても、「×あなたは田中さんですな」とは、少なくとも共通語では言えません。

● 「ね(ねえ)」「さ(さあ)」「な(なあ)」な文節の切れ目に入れる助詞は**間投助詞**と呼ばれます。聞いてほしいと訴えかける働きをもちます。

[3] 疑問系終助詞

疑問とは、話し手にとって不確かな情報を聞き手に求める表現です。この代表的な形式は「か」ですが、ふつう上昇イントネーションを伴います。「だ」体(常体)では「か」を付けず、「どこへ行く？」のように上昇イントネーションだけで表すほうが自然です。

情報要求力が弱い「かい」や「かな」、「かしら」も同類です。

下降イントネーションの場合、聞き手への問いかけがなくなり、「一体、誰が知るもの<u>か</u>」のような**反語**や、「さて、何を食べよう<u>か</u>」のような**自問**を表します。

疑問と同じ形式をとる反語は、明らかに否定の答えが予想される場合に用いられます。話し手の中にその答えがあって、問い掛けると同時に即座に否定するものです。「そんなこと」など否定的な考えを表す表現が文の中に入ることが多いほか、文末に「ものか」の形で用いられることも多いようです。「私が行ってもいいだろう<u>か</u>」のように状況や否定的な考えを表す語がなければ、疑問とも反語ともとれることもあります。

自問は聞き手が存在せず、話し手自らが明確な答えを持っていない場合に使われる表現です。

疑問文は「どこへ行った<u>か</u>わからない」のように埋め込まれて複文になることがあります。また、終助詞の「か」は、文中で「風邪のせい<u>か</u>頭が痛い」「いつの間に<u>か</u>忘れてしまった」のように使われる副助詞的な「か」(⇒§5-3.)と連続した存在です。

[4] の

終助詞に分類される「の」は、「のだ」「のか」との関連で見ておく必要があります。

「のだ」は次のような場合に使われます。
(1) 前の文の理由を付け加えて説明する：
　　先週、急に休んですみません。風邪を引いた<u>んです</u>。

●名詞や形容動詞に直接付く場合、疑問の「か」は「×君は学<u>生だか</u>？」「×元気<u>だか</u>？」のように「だ」を介在しません。「学<u>生か</u>？」「元気<u>か</u>？」のように使います。

●「のだ」「のか」は、話しことばでは、ふつう、「んだ」「んか」「んです」「んですか」になります。

(2)　前の文を言い換える：
　　　やっと卒業できた。もう大学へ来なくていい<u>ん</u>だ。
　(3)　状況を見て解釈を付け加える：
　　　（山を見て）今年も冬が来た<u>ん</u>だ。
　これらはいずれも前の文などに示されている状況や事実に、発話を関連づけようとする場合に用いるものです。
　「の」を単独で用いると、(1)の意味になります。
　疑問文は真偽疑問文と疑問詞疑問文で少し違います。
　真偽疑問文では、少し疑いや質問が強く感じられます。
　(4)　話し手の情報と状況との不整合を感じ疑いを表す：
　　　（本当に）あなた学生な<u>ん</u>ですか？
　(5)　情報に対する要求を強く表す（程度を尋ねる）用法：
　　　オーストラリアって遠い<u>ん</u>ですか？
　真偽疑問文の場合、「か」が付かない「彼、学生なの？」「北海道って遠いの？」の「の？」はそれほど疑いが強くありません。

　疑問詞疑問文では、通常、「のですか」を使います。たとえば「A：先週、彼女と映画を見に行きました。」という発話に対して、「B：何を見に行った<u>ん</u>ですか？」と言っても詰問しているようには感じられず、むしろ「何を見に行きましたか」よりも自然に聞こえます。

　特に「どうして」「なぜ」のような理由を尋ねる場合には「×どうして、学校を辞めますか？」とは聞きません。「どうして、学校を辞める<u>ん</u>ですか？」と「のだ」を用います。
　疑問詞疑問文では「の？」も自然に用いられます。

[5]　その他

　「とも」は「君も行く？」という問い掛けに対して、「行く<u>とも</u>」のように問い掛け内容の強い是認を表すものです。
　「暑いな(あ)」の「な(あ)」は、話し手個人の感情を詠嘆的に表すほか、より丁寧でない場面で「ね」と同様にも用いられます。
　「これからでかける<u>から</u>」の「から」や、「せっかく作った<u>のに</u>」の「のに」も終助詞に似た用法が認められます。

●「の」は準体助詞（⇒§4-4.）と呼ばれる名詞相当の小辞です。「［　ノ　］風邪を引いた<u>ん</u>です。」のように、前の文脈を［　ノ　］で受けて述べています。

●「学生ですか」と比べてみましょう。

●「行きな」の「な」は「なさい」の省略形です。

●「から」は丁寧な発信、「のに」は残念な気持ちをこめた発信に添えられます。

3. 接続詞・接続表現

学校文法の分類に、少し補足をしながら説明します。

[1] **原因・理由**：だから、それで、そのため、そこで、…

後続文が事実を表す場合、「雨が降った。｛だから／それで／そのため｝遠足が中止になった。」のように出来事を描いている場合に、その原因や理由を表します。

「雨が降った。」の後に「遠足は中止だ。」のような断定、「中止だろう。」のような推量、「帰らせてください。」のような依頼が続く場合、「だから」以外は使えません。

「そこで」は「雨が降った。そこで家にいることにした。」のように過去の意志的動作が続きます。

●[1]と[3]は学校文法の分類では、順接に入ります。

[2] **理由付加**：なぜなら、というのは、…

[1]とは逆にはじめに帰結の文を述べ、後から理由を付け加えるのが理由付加の用法です。「遅刻した。なぜなら寝坊したからだ。」のように後続文の文末は「からだ」を使います。話しことばでは「遅刻しちゃった。だって寒かったんだもん。」のように「だって〜(んだ)もん」も使われます。

●[2]は説明とも呼ばれます。

[3] **根拠・きっかけ**：だったら、それなら、じゃあ、すると、…

「だったら」「それなら」は他者の発言や自らの認識を受けた推論に基づいて、働きかけたり判断したりする表現が後続文にきます。「そうじ終わりました。」「だったら帰っていいぞ。」や、「おや、雨が降ったんだ。それなら寒くなるかもなあ。」のように使います。

「じゃあ」は話しことばの形です。

「すると」は「雨が降った。すると芽が出た。」のように前の文がきっかけとなって後続文の出来事が生じたことの認識を表します。

[4]　逆接：しかし、だが、だけど、なのに、ところが、…
　逆接の接続詞は、逆接の接続助詞「が」と同じ用法をもちます（⇒§6）。「（それ）なのに」は「のに」と同じく後続文には、前の文脈からの予想から外れたことによる話し手の不満や驚きなどの主観を表す表現がきます。
　「ところが」は後続文を驚きを込めて客観的に描きます。命令・依頼などの働きかけの表現や、推量、推定などの捉え方を表す表現は後続しません。

●「（そう）かといって」のような逆接表現もあります。後続文には予想から通常考えられることを否定する表現や、他の可能性を提示した上でそれが困難であると評価する表現などがきます。

[5]　並立・累加：それから、そして、また、および、
　　　　　　　　　ならびに、なお、…
　文と文、節と節、語と語を同等のランクで並べることを<u>並立</u>といいます。並立させる接続詞のうち、後から付け加える用法を<u>累加</u>といいます。
　並立させる場合、これらの接続詞を用いるのは最後の要素を挙げるときがふつうです。特に、書きことばで列挙する場合、「×〜。また〜。また〜。」のように同じ接続詞を重ねて使うことは避けなければなりません。
　この類の接続詞は名詞と名詞を結びつける働きももちます。直前で音声的に切れるために自立語の接続詞に入っていますが、働きは並立助詞の「と」と同じです（⇒§4-5）。
　「なお」は累加というよりは、後から条件を付け加える接続詞です。

●並立は「と」のように全体がわかっていて示す場合と、「や」のように後から付け加える場合とがあります。後者を特に累加といいます。

●並立の「および」は他の接続詞のように文と文とを結びつける働きをもちません。例えば「×昨日、病院へ行った。<u>および</u>銀行へも行った」のようには言えません。
接続詞は自立語であることを優先した分類です。どのような要素を結びつけるかは別に考える必要があります。

[6]　対比：一方、逆に、反対に、…
　「逆に」と「反対に」は出来事が反対の場合に使います。「一方」は2つの出来事を並べて述べるときに使います。「この店は安い。〜あの店は高い。」と値段を比べる場合、どれでも使えますが、「この店は肉が安い。〜あの店は野菜が安い。」と事実を並べる場合、「一方」だけが使えます。

●接続詞には入れられませんが、「1つには、〜。次に、〜。最後に、〜」なども並立の接続を行う表現です。

[7]　選択：または、あるいは、ないしは、もしくは、…
　選択の接続詞は、どちらか一方のみが該当するというこ

§14. 文章・談話

とを述べるために使います。

「肉または野菜」のように名詞どうしを結びつける場合と、「レポートは学務課に提出してください。またはメールで直接提出してもかまいません。」のように文どうしを結びつける場合とがあります。

[8]　補足：つまり、すなわち、要するに、たとえば、…

「つまり」「すなわち」「要するに」は**換言**の接続詞と呼ばれます。換言とはほかの言い方で言い換えるということです。「市という自治体の長、つまり市長」のように、前後が同等のものであることを表します。

「たとえば」は例を挙げるのに用いられます(**例示**)。

[9]　転換：さて、ところで、ときに、それでは、では、…

転換とは、それまでの話題と異なる話を展開することを宣言することです。

「さて」は「さて帰ろうか。」のように状況の認識とこれからの行動を結びつける接続詞です。また、「これで文法の話は終わりです。さて、テストをしましょう。」のように、それまでの話の終結を宣言し、次の段取りを始める場合にも用いられます。

「ところで」は、「ところでこれ持ってきたよ。」や「ところで、田中くんはどうしたの？」のように、それまでの状況でふれられていない情報を加えたり求めたりするときに使います。「ときに」も同様ですが、聞き手に尋ねたり働きかけたりする表現がよく続きます。

「それでは」「では」は状況が整ったことを受けて「それではさようなら。」や「じゃあ行ってくるよ。」のように、新たな行動を行うことを聞き手に伝える場合にも用います。

[10]　総括：以上、ここまで；このように、こうして、…

総括の意味をもつ接続詞は、「以上」「ここまで」のように話の区切りを示すものと、「このように」「こうして」の

●接続詞は通常、文頭にきます。特に転換や総括のような段落単位を結びつける場合には文中にきません。そのほかの接続詞は、主題化された要素の次に置かれることもあります。

●「では」は話しことばで「じゃあ」になります。

●「それじゃああんまりだ」の「それじゃあ(＝それでは)」は文の要素であって接続詞ではありません。

ように、ほかの観点からそれまでの話をまとめるものとがあり、いずれも文章・談話の最後に用いられます。

> 接続詞は文と文の論理関係を明確にし、適切に用いることで聞き手の理解を助けます。
>
> ただし用いすぎるとうるさく感じられます。人間の思考は順接での捉え方がふつうです。ですから、特に、原因・理由、条件、並立・累加などでは、接続助詞を使わないことも選択肢の1つとして考えられなければなりません。「雨が降った。遠足が中止になった。」と言っても、そこには因果関係が読み取れますし、「おや、雨が降ったんだ。寒くなるかも。」のような推論も可能です。これらの文を、「それで」や「それなら」を使って結びつけることは、ときに必要以上のことをやっていることにもなります。使わないことも教えましょう。
>
> 接続助詞と比較することも必要です。1つの文の中に接続助詞を用いて、いくつもの節を続けると、論理関係がわかりにくくなります。この場合、節のレベルにもよりますが、3つぐらいの節で一旦、文を終結させ、その後に必要に応じて接続詞を入れるとよいでしょう。

●接続詞は相手の発話を受け取って自分なりの解釈を行う場合にも用いられます。「おれ、知ってたよ。」「だったら、教えてくれよ。」のように自分の意見を他者の発話に結びつけて行う用法があります。会話での使用も重要です。

4. 文のつながり

文と文をつないで文章・談話を構成する場合、その文と文とをつないでいるのは接続詞ばかりではありません。

[1] 視点の統一

次の①は1文としてのまとまりが感じられませんが、②は1つの文章を構成しているように感じられます。

① 雨が降っている。ポチが走る。昨日は本を読んだ。
② 雨が降っている。傘を差した女の子が立っている。あ、あぶない。車がやってきた。

文章は1つの時空間での叙述を単位としてまとまりをな

§14. 文章・談話

します。

①では「雨が降っている」という現在の現象を描く一方、「ポチが走る」はそのような時間的な位置づけができません。さらに「昨日は本を読んだ」は過去の出来事を描いています。統一がありません。

一方、②はいずれも話し手の現在の視点から見た出来事を叙述しています。この場合、「〜ている」や「〜てくる」などは話し手の視点から捉えた表現です。また時間も現在に統一されています。

このように①は視点の統一性が欠けているためまとまりが感じられませんが、②は視点が統一されているためまとまりが感じられます。

> 実際の文学作品では描く視点がある程度移動することもありますが、児童生徒の作文ではある程度の視点の統一性は確保されているほうが、まとまりが感じられます。状態の観察には「〜ている」を用い、移動には「〜てくる」(場合によっては「〜ていく」も)用いて、視点を統一して描くようにするとよいでしょう。

[2] 名詞のつながり

名詞の連続も文章のつながりを保証する重要な装置です。

(1) 名詞や指示詞による同一名詞句の繰り返し

「昨日、一冊の<u>本</u>を買った。その<u>本</u>を昨日は徹夜で読んだ。」がなぜひとまとまりと感じられるかというと、どちらの文にも同一のものである名詞「本」が出てきているからです。このように同一名詞について述べる場合に、連文のまとまりを感じます。

話の中で出てくる事物を指す指示詞は、話し手と聞き手が共有している情報に対してはア系の指示詞(⇒§1-4.[2])で、どちらか一方しかもっていない情報に対してはソ系で指示するのが基本です。

● 「高校時代に田中君ていただろ？ あいつこんどの選挙に出るんだって。」では、共通の友だちである「田中君」をア系で示しています。話し手だけの友人であれば、「高校時代に田中君ていたんだ。<u>そいつ</u>〜」とソ系で示します。

(2) 省略

　名詞句の繰り返しは、「昨日、ある本を買ったんだ。(その本が)おもしろくて徹夜で(その本を)読んじゃって、目が真っ赤さ。」のように名詞の省略で表すこともあります。

　文型によって補充される名詞句もあります。日本語は動詞との意味的な関係でわかる場合には省略されるのがふつうです。「昨日、ハリーポッターを買って、夜、(φヲ)読んじゃった。」で何を読んだかは、「読む」という動詞が対象を必要とすることから補われます。

　また、第三者が主語になり、「私」が受け手となる恩恵表現の「～てくれる」や「～てもらう」を使うと、主語だけでなくその動作を受ける人も表す必要はありません。「これ買ってくれたの」と「これ買ったの」では意味が違います。

　「～てくる」にも近い用法があります(⇒§12-4.)。

(3) 主語・主題の連続

　いったん、主語が決まってしまうと、特に主観的な表現や方向性を表す表現が出てくる場合を除いて、その主語が主題となり文を越えて連続していきます。

　同じ主語が連続する場合、わかり切っているので特に主語は改めて出てくることはありません。上の「聞いてよ、彼ったら、突然、電話かけてきたの。それでね、こう言ったの。」の「言った」のが「彼」なのは、前の文の主語「彼」が主題化され引き継がれたものです。

　複文でも基本的には同様に前の主語を引き継ぎますが、主節が過去の「たら」や「と」のように特に主語が異なることを要求する場合もあります。「家へ帰ったら勉強していた」の場合、家へ帰った人と勉強していた人は違う人物です。

●「(田中くんはこう言っていますが)私はこう思います。」のように対比の「は」は省略されません。また、「誰が幹事ですか？」の答えになる「私が幹事です」のような質問の焦点になる「私」はふつう省略されません。

§14. 文章・談話

もう一歩進んで考えてみよう

(1) 社長が「パソコンのやり方がわからないんだ。」とあなたに言いました。文としては「わからない」ことを述べただけですが、「そうですか。」とだけ答えたら、あなたの出世はありません。

　この場合、どうして「私がお教えしましょうか。」と申し出る必要があるのか答えてください。

(2) マンガの登場人物は、「行くっちゃ」や「行くぞなもし」のように、特徴のある終助詞をよく使います。このように言っても伝達意図に支障が生じないのはなぜでしょうか。また、なぜこのような終助詞を使うのでしょうか。

(3) 「昨日、ある本を買ったんだ。おいしくて徹夜で作って、頭がすっきりさ。」が、なぜひとつの文としてのまとまりを欠くのか、そのわけを説明してください。

教科書ではこんな風に扱われています。

～接続詞～

接続詞はテストなどでよく問題にされます。ある中学校で光村図書『国語1』「クジラたちの音の世界」から次のような接続詞の問題が出されました。

(1) かつて海の中は「沈黙の世界」とたとえられた。[　A　]、実際にはさまざまな音に満ちた世界である。ソコロ島の海に入って耳をすませば、クジラの声だけでなく、さまざまな音色が聞こえてくる。遠くのがんしょうで波がくだける音、海底にすむ無数の小さなエビが発するパチパチとはじけるような音、[　B　]ピュウピュウという笛を吹くような澄んだ声はイルカたちのものだ。

選択肢は、「ところで、だから、しかし、すなわち、そして、つまり」の6つ。

接続詞の問題は、次の3段階で考えていくとよいでしょう。

① 文と文を結ぶ接続詞か、名詞句と名詞句を結ぶ接続詞か
   [　B　]は名詞句と名詞句を結んでいます。このような接続詞は並立・累加の「および」類か選択の「または」類のみです。ここでは並立の「そして」が選ばれます。

② 接続詞の意味
   接続詞の意味は、前後の文の意味を比較して考えます。[　A　]は「沈黙」と「音に満ちた世界」を比べて、逆接か対比であることがわかります。

③ 後続文の文末制限
   逆接の接続詞のいくつかは後続文に制限があります。その場合、同じ意味の接続詞を複数出して問題にすることもできます。補足類の接続詞にはこのような後続文の制限はありません。

ほかに文体差なども併せ、どのレベルで問いたいかを考えて選ぶ必要があります。

§15. 文法とは

文法とは何でしょうか。

中学校の教科書には、わたしたちが使うことばのきまりであるということが書かれています。普段意識していないけれど、お互いの考えや思いを通い合わせるために大切なものとも書かれています。

語順を入れ替えても意味がわかるのは助詞があるからであるとか、「貸した」と「貸す」を比較して「た」の意味は何であるかを考えることによって、具体的にことばのきまりの重要性を説いている教科書もあります。

しかし、このようなことばのきまり、すなわち文法の重要性を説いても、それが実際に役に立つものでなければ、だれもその大切さを十分にはわからないでしょう。

参考書の中には、文法を知識としてしか位置づけない捉え方をしているものもあります。確かに受験のことを考えれば文法は知識だけで乗り切れるのかもしれません。

しかし、わたしたちは受験のためではなく、生きていくためにことばを使っています。そのことばの中にこそ文法があることを忘れてはいけません。

最後に文法とは何かを少し考えていきます。

●中には文法を何のために学ぶのかには直接答えず、こういうきまりがあるとだけ書いている教科書もあります。

こんなことを考えてみましょう

① 文法の学習って誰かが決めたことを覚えるものですか？それとも自分で考えるものですか？
② 外国語を学ぶときには文法を重視しますが、なぜ国語では文法をあまり重視しないのですか？
③ 結局、文法を学ぶことは何の役に立つのですか？

1. 決まった文法などない

[1] 学校文法はあまたの文法の中の1つでしかない

　文法にとって最大の不幸は、誰かが決めたことを覚えなければならないものだと思われている点です。

　学校で教えられる文法は、橋本進吉という学者の文法がもとになっています。同じ時代にはさまざまな文法が考えられました。その中のたまたま1つが、今採用されているにすぎないということを忘れてはいけません。

　たとえば副詞を例にとると、学校文法のもととなった橋本文法では、情態副詞、程度副詞、陳述副詞の3分類をしますが、時枝誠記の文法では、広く「昨日行った」の「昨日」や「早く」なども副詞と捉えています。さらに山田孝雄は、学校文法の接続詞を接続副詞、感動詞を感動副詞としています。機能の面から共通点をもつグループを、どの特徴でまとめるかは、「こうでなければならない」ということではないのです。

　国語の先生に一番注意してほしいのは、知識を問うための文法問題を出さないということです。「食べられない」の中にある動詞は「食べる」だけれど、「書けない」の中にある動詞は「書ける」であるという問題は、何を問いたいのでしょうか？　学校文法が可能動詞というのを認めているから、さらに言えば、接辞-eを取り出さないという立場をとるから、「書ける」が1語ということになっているだけのことです。日本語を外国語として学んでいる人のすべては、「書けない」には「書く」があると考えます。また、常識的にもそうでしょう。

　常識からはずれて、学校文法のルールを教えるためだけに役に立つ問題は、生きていくためにはあまり役に立たないでしょう。

　いままで学校文法は覚えるだけで疲れ果てさせる文法でした。しかし、私たちはもっと自分が生きていくための文法を考えるべきではないでしょうか。

[2] 変わらないことばなどない

　もう1つ重要なことは、ことばは生き物であるということです。吉田兼好が『徒然草』で、「『もたげよ』を最近は『もてあげよ』と言う」という趣旨のことを嘆いていることはよく知られたことです。現代のことばの乱れを説く人も、兼好法師と同じことばを話してはいません。

　文法もその時代その時代に、変わっていくことばを整理した体系でしかないのです。

　変化をするにはそれなりの理由があります。ら抜きことばは、可能を尊敬や受身の形から分離し混乱を避ける点で便利なことばです。また、「花に水をあげる」にしても、「やる」なんて野卑なことばを使いたくないという意識が働いて選ばれたことばです。変化する理由を考えたいものです。

[3] ことばは最良の「化粧法」である

　しかし、すべての人が好き勝手なことばを話していては、コミュニケーションが成り立ちません。コミュニケーションには相手がいます。相手に自分をどう見せたいか。そのためにことばを選ばなければなりません。

　公の場でら抜きことばを使えば、きちんとしたことばが使えない人だというレッテルを貼られます。逆に、友だちとうち解けた場で、「正しい」ことばばかり使っていたら、煙たがられるでしょう。

　文法にしても、語彙にしても、音声にしても、ことばは自分をどう表現するかという点で、最良の化粧法です。相手に応じ、また場に応じ使い分けることが必要です。「『食べれる』としか言えない」のではなく、「『食べれる』とも『食べられる』ともいうけれど、ここでは『食べられる』を使う」といったほうが、よいのです。

　国語の先生にはことばを複眼的に捉え、そのことばを使うと自分がどう見られるかについても、いっしょに考えてみてほしいと思います。

●若者ことばは、特定のグループでだけコミュニケーションがとれればよいという点で閉鎖的です。しかし、これは古くからある隠語と共通した特徴でもあります。

2. 外国語の文法と母語の文法

　外国語を学ぶとき、最近では「いっぱい聞いて、いっぱい話す」ことが重要だという教え方もありますが、やはりどこかで文法も大切だと感じているのではないでしょうか。

　たとえば、英語の冠詞について考えてみましょう。たくさん英語の文を聞く中で、desk には冠詞の a がつくけれど、water にはつかないことがわかりました。でも、sea はどうか、chocolate はどうかということを、それらが含まれている文を聞くまでわからないのでは困りますね。

　確かに膨大な会話の中には出てくるかもしれませんが、water, sea, chocolate は数えられない名詞だから冠詞の a は（ふつう）つけないと教えてもらったほうが効率がいいのではないでしょうか。このようなカテゴリー化こそ、文法の捉え方の1つです。

　大人になってから外国語を学ぶ際に、子どもと同じように、すべてのルールを言語情報の中から見つけていくというのは、非常に困難なことです。脳が構造的に異なってしまっているからです。ですから、代わりに文法を使ったほうが効率的です。

　さて、外国語学習に文法が必要なことはわかりました。では、母語の文法を学ぶ必要はあるのでしょうか。私たちは、膨大な母語に関するデータベースを脳にもっていて、ふつうに話すのなら、文法はいらないでしょう。たとえば「書く」という動詞の「～て」の形は、「連用形のイ音便の形をとる」という文法的知識がなくても、「書いて」であるということは経験からわかっています。同じカ行五段活用の動詞でも、「行く」が「×行いて」ではなく、「行って」になることには、逆に気づかないほどです。これは膨大なデータベースのおかげです。

　しかし、めったに使わない「（大根を）うろぬく」や「（日が）うすずく」でも「うろぬかない」や「うすずかない」と、活用できるのは、やはり文法的な知識があるからです。

●必ずしも、「母国」と「母語」が一致しないこともありますので、「母国語」とは呼ばず、「母語」と呼びます。「母国」の中にもたくさんのことばがある時代ですから、本当なら「外国語」という名前も不適切です。便宜的に使っておきます。

●数えられない名詞は不可算名詞（uncountable）といい、辞書にも分類が示されています。

●人間は、8～10歳ぐらいの**臨界期**と呼ばれる時期までは、非常に柔軟にことばを受け入れる性質をもっています。この時期までにそれぞれの言語に関する膨大なデータベースを頭の中に構築していくのです。

●「うろぬく」は「多くある物の中から間をおいて引き抜くこと」、「うすずく」は「夕日が山にはいろうとすること」（『岩波国語辞典』第六版より）です。

175

何より、文法は読解力を養うにも役に立ちます。「あっという間に雲に乗っていました」のほうが、「あっという間に雲に乗りました」よりも、「途中が見えないほど瞬時の出来事であった」ことが(本書で言う)文法的な知識からはわかります。

文のきまりを知らないで作文は書けません。書けたとしても、よりよい文章に推敲するためには、文法に照らし合わせて、いくつかの候補から選んでいく必要があります。

母語の文法は、決して覚えるためだけの窮屈な知識の集積ではありません。理解や表現を豊かにする道具として使っていきたいものです。

3. 外国語としての日本語

もう1つ、母語として日本語の文法を学ぶ必要性について述べておきたいと思います。

今や全世界で200万人を越える人が日本語を学習していると言われます。日本国内でも、日本語を母語としない児童・生徒に教える機会も増えてきます。

「×去年、小学校から出ました」がなぜ変なのかということは、子どもたちの作文の中で出てきたら、説明する必要があります。特に、日本語を母語としない児童・生徒に対して、「日本語ではこう言うから」だけで説明をすませるのは、小学校低学年なら通じるかもしれませんが、論理的思考が強まる高学年では、単に先生が知らないだけの言い訳と取られることもあります。

「行く」を「書く」と同じカ行五段活用と捉えていては、「×行いて」という形が出てきて当然です。教える側は、「行く」が不規則活用の動詞であることを知っていなければなりません。

母語を整理して捉えること、すなわち文法は国際化の時代にこそ必要なのです。

もう一歩進んで考えてみよう

(1) 外国語を学ぶ際に使われる文法用語は、国語の文法のものと異なることがあります。たとえば英語には前置詞がありますが、日本語にはありません。しかし、前置詞に似た働きをすることばはあります。
　働きという観点から、対照させて考えてみましょう。

(2) 日本語を母語としない人は、どのような点で日本語の学習が難しいと考えているでしょうか。
　特に文法という観点から、いくつか事例を拾ってみて、学校の文法で説明できるか考えてみましょう。
　もし学校の文法で説明できない場合には、どのように説明したらよいか考えてみましょう。

もう少し知りたいかたへ

　この本では、学校で教えられることとの関連で日本語の文法を見てきました。ここで扱ったほかにも日本語にはさまざまなおもしろい現象があります。もう少し知りたい・もう少し勉強してみたいというかたには次の本をお薦めします。2008年2月現在で、手に入れやすいものを挙げておきます(残念ながら入手困難となっている本は除きました)。2008年2月現在の値段(税込み)を参考までに挙げておきます。

【日本語全般に関する読み物】
- 庵　功雄・日高水穂・前田直子・山田敏弘・大和シゲミ『やさしい日本語のしくみ』くろしお出版(¥1,050)
- 井上史雄『日本語ウォッチング』岩波書店(新書)(¥735)
- 井上　優『日本語文法のしくみ』研究社(¥2,100)
- 町田　健『まちがいだらけの日本語文法』講談社(現代新書)(¥735)
- 森山卓郎『表現を味わうための日本語文法』岩波書店(¥1,575)

【日本語の文法現象全般について詳しく書いてあり調べられる本】
- 庵　功雄・高梨信乃・中西久実子・山田敏弘『初級を教える人のための日本語文法ハンドブック』スリーエーネットワーク(¥2,310)
- 庵　功雄・高梨信乃・中西久実子・山田敏弘『中上級を教える人のための日本語文法ハンドブック』スリーエーネットワーク(¥2,520)
- 日本語記述文法研究会編『現代日本語文法』(全7巻　刊行中)くろしお出版

【日本語全般について詳しく書いてあり調べられる本】
- 日本語教育学会編『新版 日本語教育事典』大修館書店(¥9,450)
- 文化庁編『言葉に関する問答集　総集編』大蔵省印刷局(¥3,885)
(政府刊行物サービスセンターなどで手に入ります)

【外国語として日本語を学ぶ人の誤用、疑問点や教え方が書いてある本】
・張　麟声『日本語教育のための誤用分析―中国語話者の母語干渉20例』
　　スリーエーネットワーク（¥1,890）
・野田尚史・迫田久美子・渋谷勝己・小林典子『日本語学習者の文法習得』
　　大修館書店（¥2,310）

【少し専門的になるがぜひ読んでほしい学術書】
・角田太作『世界の言語と日本語』くろしお出版（¥3,150）
・野田尚史『「は」と「が」』くろしお出版（¥3,150）
・宮島達夫・仁田義雄編『日本語類義表現の文法』くろしお出版（「上　単
　　文編」「下　複文・連文編」の2冊あります。ともに¥2,730）
・寺村秀夫『日本語のシンタクスと意味』くろしお出版（全3巻。各
　　¥3,800）

このほかに大きな公立図書館などにある以下の本も参考になります。
・『日本国語大辞典』小学館（語源や用法、方言に関する情報が載っている
　　日本でいちばん詳細な辞典。13巻あります）
・『日本語文法大辞典』明治書院（文法に関する一番新しい大辞典。巻末に
　　文法学説の対照表があります）
・『日本言語地図』大蔵省印刷局（語彙を中心に方言の全国分布が地図に
　　なっています）
・『方言文法全国地図』大蔵省印刷局（文法に関する全国方言地図です）

▶ おわりに ▶▶▶▶▶▶

　私は国語が苦手でした。
　通知表では五教科中いちばん悪いのがいつも国語。どうして先生の言うように考えなければならないのか、いつもわからないでいました。特に「語幹は変わらない部分」と言いながら、変わらない部分が「活用語尾」にもある（⇒§2）なんて、どうしても理解できませんでした。
　そんな影響もあって、大学に入って専門的に学んだのはイタリア語などのロマンス語。ラテン語以来のしっかりした文法に裏付けられた言語に魅力を感じていました。大学の3年生の頃、教えを受けた先生から、日本語教育の重要性を知り、勉強するようになり、最初の仕事としてローマでイタリア人に日本語を教える仕事に就きました。
　教える中で、日本語ともう一度向き合い、文法を考えるようになりました。日本語教育の現場では、教授法によって比重は変わりますが、やはり文法がどこかで必要になります。しかし、自分が日本語の文法を全然知らない。もう一度、大学院に戻って勉強をし直しました。
　再度、職を得て、2001年、職場を移り岐阜大学教育学部で国語学の講義を担当するようになりました。今、教育学部では「教育現場ですぐに役立つ教育」が求められています。しかし、ご存じのように、国語教育の文法は、受験のための知識ということ以外に、あまり重要視されていません。「教育現場で役に立つ」と言われても、本当に役に立つのかと思いつつ、試行錯誤を続けてきました。
　授業をやるためには、その目的に合った教科書が必要です。しかし、今までの国語学の本を使っては、現場ですぐに役立つ文法は教えにくい。一方で、日本語教育などで使われる文法に関する本は、国語の先生になる人には必ずしも最適というわけでもない。結局は、授業プリントとして毎回の講義資料を作るしかなかったわけです。
　3年間、プリントを授業で使っては改訂する作業を繰り返してきて、ようやくまとめたのが本書です。本書では私自身が国語が苦手だったために抱いた

疑問に答えようとしてあります。また、いろいろな先生に授業を見せていただく中で気づいたこともたくさん盛り込みました。

　不十分なところはありますが、出版という形で世に問うことにしたのは、何よりも国語で文法（子どもたちのとっては「ことばのしくみ」）を考えることが、今の国語教育にはやはり必要なことであり、また何より楽しいことであると知ってほしかったからです。

　私自身が文法を通じて、ようやく、国語が好きになりかけていることを、何よりも嬉しいことと感じています。

　最後になりましたが、私のこのような思いを理解してくださったくろしお出版のみなさんには感謝申し上げたいと思います。特に、福西敏宏さんには、ご助言等を含め、出版に関しいろいろとお世話になりました。ありがとうございました。

2004 年 4 月

山　田　敏　弘

索　引

あ
「あいだ」 71
アクセント 7, 27
アスペクト 75, **104**, 107, 135, 137
　　⇒ プロミネンス
「ある」 7, 12, 20, 21, 23, 63, 65, 98, 99, 135
「ある」（連体詞） 77
暗喩 ⇒ 比喩

い
「いい」 22, 129
イ音便 ⇒ 音便
意外さ 50, 55, 56
「行く」 23, 67, 140, 175, 176
イ形容詞 7, 133 ⇒ 形容詞
意向形 25, 67
意志 18, 20, 64, 67, 93, 97, 98, 110, 113, 115, **116**, 117, 118, 127, 128, 154, 155
意志的動作 63, 65, 94, 102, 107, 113, 118, 164
意志動詞 ⇒ 動詞
已然形 6, 70
イタリア語 43, 103
一段動詞 ⇒ 動詞
一人称 117, 118
「行ってきます」 141
一般的な条件 64
移動動詞 ⇒ 動詞
依頼 34, 57, 64, 76, 102, 122, 124, 125, **126**, 127, 128, 130, 131, 159, 164, 165

う
「いる」 7, 12, 27, 63, 65, 70

受身 5, 19, 25, 38, 41, 43, 48, 86, 87, 88, **89**, 90, 91, 95, 96, 97, 174
　間接受身 90, 91, 140
　直接受身 90, 91
　持ち主の受身 90, 91
内の関係の名詞修飾 ⇒ 名詞修飾
「う／よう」 65, 110, 112, 116, 117, 127, 128, 132
「〜得る」 95

え
英語 2, 30, 32, 41, 42, 43, 44, 46, 66, 68, 79, 90, 91, 93, 105, 109, 116, 117, 122, 125, 126, 138, 140, 158, 160, 164, 175, 177
婉曲 50, **58**

お
「お」（接頭辞） 146, 149, 150, 151
「多い」 22, 78
「大きな」 77, 78
「多くの」 78
送りがな 24
「お〜ください」 127
「お〜する」 146, 147, 148, 150, 153, 155
「同じ」 22
「お〜になる」 88, 146, 147, 150, 151, 152, 155

182

「思う」121
「〜終わる／〜終える」107
恩恵　126, 134, 135, **137**, 138, 139, 140, 152, 153, 155, 169
音便（形）　**18**, 19, 22, 62, 98
　イ音便　18, 19, 175
　促音便　18
　撥音便　18

か

「か」58
「が」（格助詞）　29, 31, 32, 40, 41, 45, 47, 51, 52, 55, 60, 71, 77, 81 ⇒ ガ格
　総記の「が」52, 55
　中立叙述の「が」52
「が」（接続助詞）　65, 66, 67, 68, 161, 165
開始　107
ガ格　31, 33, 63, 79, 87, 88, 94, 118, 141, 147
係り結び　6, 50
カ行変格活用　14, 17, 18, 19, 86, 92, 100, 133
格 ⇒ ガ格, ヲ格, 二格, デ格, ト格, カラ格
格助詞 ⇒ 助詞
確信　110, **114**, 115, 130
確定の順接　62, 63, 65, 66
「〜かける」107
過去（形）　5, 6, 34, 65, 68, 71, 72, 98, **103**, 104, 105, 106, 109, 117, 126, 128, 137, 164, 168, 169
過去の習慣的動作　66
学校文法　2, 3, 4, 5, 6, 7, 12, 15, 16, 19, 24, 26, 27, 38, 39, 40, 44, 50, 54, 56, 62, 63, 64, 70, 74, 75, 81, 86, 87, 92, 98, 99, 111, 112, 113, 114, 121, 129, 134, 135, 146, 147, 148, 151, 152, 153, 159, 164, **173**
活用（形）　2, 3, 4, 5, 8, **14**, 15, 16, 17, 18, 19, 21, 22, 23, 24, 70, 74, 77, 78, 92, 95, 98, 110, 117, 143
活用語尾　15, 17, 24, 111
活用表　15, 16, 20, 21, 25, 86, 143
仮定形　5, 14, 17, 20, 64, 70, 98, 110, 111, 129, 133, 143
仮定の逆接　62, 63, 65, 66
仮定の順接　62, 63, 64
「〜かねる」95
ガ・ノ可変　79
可能　**19**, 20, 86, 87, 88, 89, **94**, 95, 96, 97, 118, 151, 174
可能形　19, 25, 88, 94, 96, 97, 133
可能性の認識　114, 130
可能動詞 ⇒ 動詞
カ変 ⇒ カ行変格活用
上一段活用　14 ⇒ 一段動詞
上二段　14, 15
「〜かもしれない」122
「から」（格助詞）　39, 40, 41, 42, 43, 45
「から」（順序助詞）51
「から」（接続助詞）　62, 65, 66, 161, 163
カラ格　79, 92, 147
下略の「の」45
「がる」118
感覚的原因　140
換言　166
漢語　17, 23, 146, 153, 154
韓国・朝鮮語　43, 46, 61, 152, 153
間接受身文 ⇒ 受身文
感動詞　2, 4, 5, 33, 173
間投助詞 ⇒ 助詞
願望　76, 110, 116, **117**, 159

183

索引

勧誘 57, 102, 110, 116, 118, 119, 122, **127**, 128, 132, 155, 161
完了 55, 64, 94, 98, **103**, 104, 137, 147

き

擬音語・擬態語 75
希求 20, 125
帰着点 38, 42
機能 3, 4, 5, 6, 77, 91, 102, 173
希望 110, 116, **117**
基本文型 ⇒ 文型
義務 122, **123**, 129, 130 ⇒ 必要
疑問(文・形) 58, 76, 127, 132, 158, 160, 161, **162**, 163
疑問詞 2, 7, 35, 52, 58, 124
逆接 62, 64, 65, 66, 67, 76, 80, 158, 165, 171
強制(力) 93, 126
強調 34, 50, 53, 54, **55**, 56, 84, 158
強調構文 34
許可 122, **124**, 127, 130, 131
曲用 3
許容 93, 122, **124**, 129, 130
「きり」 50, 54, 55
「〜きる」 104, 107
際立たせ 50, 55
禁止 103, 122, 124, 125, **126**, 127, 130, 158, 160

く

空間移動 140
屈折語 3
「くらい」 50, 57, 59
「ぐらい」 ⇒「くらい」
グリーンランド語 3

け

敬意の対象 149, 151
継起 **64**, **68**, 69, 71, 73, 80, 84, 102, 140, 145
敬語 **146**, 147, 150, 151, 152, 153, 155, 157 ⇒ 尊敬語
形式形容詞 21, 99, 103, 115
形式名詞 ⇒ 名詞
係助詞 ⇒ 助詞
形態 3, 4, 5
形容詞 2, 3, 4, 5, 7, 11, 15, 16, 20, 21, 22, 23, 32, 33, 44, 65, 68, 74, 75, 76, 78, 81, 82, 99, 100, 102, 103, 111, 112, 114, 115, 116, 118, 123, 133, 148, 149
形容動詞 2, 3, 4, 5, **7**, 8, 11, 15, 20, 21, 22, 23, 32, 33, 65, 74, 75, 76, 77, 81, 99, 103, 111, 112, 116, 118, 123, 133, 148, 162
経歴 106
結果 38, 41, 43, 63, 64, 68, 105, 106, 111, 134, 136, 137, 140, 143, 144
結果状態 63, 77, 82, **105**, 106, 135, 136
結果副詞 ⇒ 副詞
「けど」⇒「けれど」
「けれど」 62, 66, 67, 68, 69
「けれども」⇒「けれど」
原因・理由 38, 41, 43, 48, 49, 58, 62, **65**, 66, 68, 70, 102, 164, 167
⇒ 感覚的原因
謙譲語 137, 146, **147**, 148, 149, 150, 151, 152, 153, 154, 155, 156
限定 38, 44, 50, **54**, 55, 57, 59, 80, 150
限定的名詞修飾 ⇒ 名詞修飾

184

こ

「ご」 146, 149 ⇒「お」
後件 63, 64, 65, 66, 67, 68, 69, 70, 71, 72, 139, 140
後置詞 32, 41
膠着語 3, 29
呼応 29, 34, 54, 75, **76**, 77, 113
語幹 5, 8, 14, **15**, 16, 17, 18, 19, 21, 22, 23, 24, 75, 114, 127, 133, 146
語順 26, 30, **33**, 34, 35, 82, 172
「こそ」 6, 51, 52, 55
こそあど(詞) 2, 7, 8
五段動詞 ⇒ 動詞
孤立語 3
根拠 41, 48, 65, 66, 113, 114, 121, 164

さ

「さえ」 54, 55, 56, 59
「さえ(も)」⇒「さえ」
サ行変格活用 14, 17, 18, 19, 23, 86, 92, 100, 133
「〜(さ)せていただく」 148, 154, 155
さ付きことば 92
サ変 ⇒ サ行変格活用
「〜ざるをえない」 123

し

「し」 46, 62, 67
子音語幹動詞 ⇒ 動詞
使役 5, 25, 38, 41, 86, **92**, 93
使役受身 25, 92, 93
「しか〜ない」 54, 55, 60, 61
時間的推移 141
指示詞 7, 168
辞書形 25, 133
試行 134, 135, **142**, 145

指定辞 109, **111**, 133, 134
視点 140, 141, 167, 168
自動詞 ⇒ 動詞
自発 86, 87, **88**, 89
下一段(活用・動詞) 14, 16, 17, 18, 133
下二段(活用) 14, 17
自問 58, 113, **162**
終結 107, 137, 166
終止形 5, 14, 16, 17, 20, 21, 22, 77, 81, 98, 100, 103, 110, 111, 122, 126, 128, 129, 133, 160
修飾語 2, 26, 37
修飾 - 被修飾(の関係) 26, 28, 35, 77
終助詞 ⇒ 助詞
従属節 ⇒ 前件
重文 26, 63, 69
主語 2, 4, 8, 26, 28, **30**, 31, 32, 33, 38, 40, 62, 63, 66, 67, 68, 69, 73, 79, 86, 87, 88, 89, 90, 91, 94, 106, 116, 117, 125, 138, 146, 147, 149, 150, 152, 153, 158, 169
　ニ格主語 31
主述の一致 29
主節 ⇒ 後件
主題 31, 33, 50, 51, **52**, 53, 69, 101, 158, 169
主題化 33, 34, 52, 69, 166, 169
述語 2, 5, 7, 26, 28, 30, 31, **32**, 34, 35, 46, 51, 53, 58, 60, 62, 63, 65, 67, 74, 78, 79, 81, 95, 109, 111, 118, 150
順序助詞 ⇒ 助詞
準体助詞 ⇒ 助詞
条件(文・節) 55, **64**, 65, 66, 69, 70, 72, 74, 76, 113, 123, 127, 140, 142, 165, 167

185

索 引

状態副詞 ⇒ 副詞
省略 13, 29, 32, 37, 47, 67, 78, 90, 138, **169**
助詞 **6**
　格助詞 3, 6, 29, 30, 32, **38**, 39, 40, 41, 42, 43, 44, 45, 46, 47, 48, 50, 51, 52, 53, 58, 59, 66, 74, 76, 78, 81, 94, 133, 147
　間投助詞 6, 27, 145, 161
　係助詞 6, 50
　終助詞 6, 34, 57, 126, 149, 158, **160**, 161, 162, 163, 170
　順序助詞 51
　準体助詞 **45**, 101, 163
　接続助詞 6, 29, 41, 46, 49, 53, **62**, 63, 64, 66, 69, 70, 71, 73, 74, 76, 81, 98, 107, 129, 133, 135, 158, 165, 167
　とりたて助詞 50, 133
　複合格助詞 41, 48, 150
　副助詞 6, 21, 40, 46, 49, **50**, 51, 52, 53, 54, 55, 56, 57, 58, 59, 60, 66, 99, 133, 162
　並立助詞 39, **45**, 58, 165
　連体助詞 44
助数詞 10 ⇒ 数詞, 数量詞
助動詞 2, 3, 5, 6, 7, 19, 20, 21, 25, 27, 29, 34, 41, 62, 64, 70, **86**, 88, 92, 94, **98**, 99, 102, 103, 106, **110**, 111, 112, 113, 114, 115, 116, 118, 121, 122, 125, 127, 129, 130, 133, 134, 135, 137, 142, 144, 145, 146
所有 44
自立語 2, **3**, 4, 5, 9, 21, 27, 29, 78, 135, 158, 165
進行 63, 67, 70, 104, **105**, 106, 107

す

「ず」 21, 98, 103
推定 110, 112, **113**, 114, 116, 165
推量 57, 66, 76, 77, 98, 110, 111, **112**, 113, 114, 116, 132, 164, 165
数詞 12 ⇒ 助数詞
数量詞 10, 12
「少ない」 78
「すら」 56
「すら(も)」⇒「すら」

せ

接続語 2, 4, 26
接続詞 2, 4, 5, 9, 158, **164**, 165, 166, 167, 171, 173
接続助詞 ⇒ 助詞
「せる/させる」⇒ 使役
前件 63, 64, 65, 66, 67, 68, 69, 71, 72
「全然」 76, 77
選択 51, **58**, 128, 149, 158, **165**
全部列挙 46

そ

「そうだ」(様態) 110, 115, 119
「そうだ」(伝聞) 110, 114
総括 166
相対敬語 151, 152
促音便 ⇒ 音便
素材敬語 **148**, 149, 155
外の関係の名詞修飾 ⇒ 名詞修飾
尊敬語 30, 31, 87, 122, 126, 127, 137, 146, **147**, 148, 149, 150, 151, 152, 155, 157
存続 77, 94, 106

た

「た」 34, 64, 71, 77, 98, **103**, 104, 105, 106, 109, 128, 133, 137, 172
「だ」 32, 64, 66, 70, 81, 99, 103, 110, **111**, 112, 113, 123, 134, 162
　⇒ 指定辞
「たあとで」 71
「たい」 110, **117**, 118
待遇表現 152, 153, 155
体言 2, 4, 5, 38, 39, 45, 48, 74, 77
　⇒ 名詞
対象 30, 33, 34, 38, 41, 42, 43, 48, 94, 95, 96, 147, 148, 169
対象移動 140, 141
対比 50, 51, 52, **53**, 54, 62, 63, **67**, 68, 69, 84, 85, 101, 158, **165**, 169, 171
代名詞 2, 12, 37
「だけ」 50, 54, 55, 57, 59, 61
「だけしか〜ない」 54
「だって」 56
他動詞 ⇒ 動詞
「たなら」 64
「だの」 50, 58
「たぶん」 113
「ために」 63, 66, 67, 71
「たら」 62, 64, 65, 66, **70**, 140, 169
「たり」(完了) 7, 64, 70, 77, 103
「たり」(並立) 62, 68, 69
「だろう」 65, 100, 110, 111, **112**, 113, 115, 116, 120
「だろうか」 58, 113
単語 2, 3, 9, 10, 98, 122, 129
断定 58, 110, **111**, 112, 113, 114, 115, 121, 133
断定保留 58
単文 26, 63

ち

「小さな」 77, 78
「近くの」 78
中国語 3, 46
中立叙述 ⇒「が」
直接受身文 ⇒ 受身文
陳述副詞 ⇒ 副詞

つ

「つつ」 63, 69, 98

て

「て」 18, 62, **68**, 69, 70, 71, 98, 99, 102, 133, 135
「で」 38, 39, 40, 41, 42, 43, 45
デ格 79
「〜てあげる」 134, 137, 139, 144, 153
「〜てある」 98, 134, 135, 136, 144, 145
「〜ていく」 134, 140, 141, 142, 145, 168
「〜ていただく」 137
丁重語 138, **148**, 151, 152, 153, 154, 155
程度副詞 ⇒ 副詞
「〜ていない」 101, 103
丁寧(さ) 5, 6, 57, 60, 62, 69, 95, 99, 102, 104, 111, 112, 124, 125, 126, 127, 131, 132, 146, 148, 150, 153, 154, 161, 163
丁寧形 81
丁寧語 146, 147, 148, 149, 152, 155, 157
「〜ている」 63, 67, 70, 94, 98, 104, **105**, 106, 109, 134, 135, 136, 137, 144, 145, 168
「〜ておく」 136
「てから」 71

187

索引

「〜てください」 126, 127, 130
「〜てくださる」 126, 134, 137
「〜てくる」 134, 140, 141, 142, 144, 168, 169
「〜てくれる」 126, 127, 134, **137**, 138, 139, 141, 155, 169
テ形 25, 68, 69, 133
「〜てさしあげる」 134, 137, 153
「〜てしまう」 134, 135, **137**, 145
「でしょう」 112, 132
「です」 66, 109, 111, 146, 149, 155
出どころ 41, 42, 43
「〜てはいけない」 126, 130
「〜てみせる」 134, 143
「〜てみる」 134, 142, 145
「ても」 62, 65, 66, 76, 143
「でも」 56, 57
「〜てもいい」 122, 124, 130
「〜てもかまわない」 124
「〜てもらう」 134, **137**, 138, 139, 140, 155, 169
「〜てもらえる」 127
「〜てやる」 134, **137**, 138, 139, 145, 153
転換 158, **166**
テンス **104**, 105, 109
伝聞 5, 6, 110, 112, 113, **114**, 118

と

「と」(格助詞) 2, 9, 38, 39, 40, 41, 43
「と」(接続助詞) 62, 64, 66, 67, 169
「と」(並立助詞) 38, 45, 46, 165
ドイツ語 3
「といっしょに」 39
同格 44, 79, 85
動作遂行の命令 ⇒ 命令

動詞(以下参照)
　意志動詞 67, 68, 88, 93, **113**, 122, 123, 125, 136
　一段動詞 15, 16, 17, 18, 19, 24, 86, 88, 92, 100, 125, 133, 146
　移動動詞 67
　可能動詞 19, 20, 86, 133, 173
　五段動詞 4, 15, 16, 17, 18, 19, 20, 24, 86, 88, 92, 96, 100, 133, 134, 143, 146
　子音語幹動詞 18 ⇒ 五段動詞
　自動詞 24, 43, 86, 88, 90, 93, 136, 141, 148, 154, 155
　他動詞 24, 43, **44**, 93, 136
　母音語幹動詞 18 ⇒ 一段動詞
　無意志動詞 67, **113**, 122, 123
同時 ⇒ 付帯状況
動詞の意志性 67, 122 ⇒ 意志動詞, 無意志動詞
倒置法 34
「遠くの」 78
ト格 79 ⇒ 「と」
「とき」 65, 71, 105
時名詞 ⇒ 名詞
独立語 2, 4, 26
「ところだ」 107
「ところで」 62, 166
「とすぐ」 73
とりたて助詞 ⇒ 助詞
努力の命令 ⇒ 命令
「とは(というのは)」 53
「とんでもない」 100

な

「な」(禁止) 103, 126
「ない」 **21**, 29, 71, 75, 98, **99**, 100, 102,

103, 114, 115
「ないで」 102, 103
「ながら」 62, 63, 67, 69
ナ行変格活用 14
「なくて」 102, 103
ナ形容詞 7, 133 ⇒ 形容動詞
「〜なければならない」 122, 123, 129, 130
「など」 46, 50, 57, 58
「なんか」 57
ナ変 ⇒ ナ行変格活用
「なら」 53, 62, 64, 65, 70, 111
「なり」(古典語) 7, 70, 77
「なり」(接続助詞) 73
「なり」(副助詞) 50, 58
「なんて」 57

に

「に」(格助詞) 10, 32, 38, 39, 40, 41, 42, 43, 44, 45, 46, 47, 147
「に」(接続助詞) 41, 67
「に」(並立助詞) 45, 46
ニ格 31, 32, 88, 90, 91, 92, 93, 95, 147
ニ格主語 ⇒ 主語
二重敬語 150
二重否定 101, 102
「〜にちがいない」 122, 130
「については」 53
「にて」 38
「になります」 111
「にほかならない」 121
日本語教育 7, 15, 16, 25, 133

ぬ

「ぬ」 98

の

「の」 8, 10, 33, 38, 39, 40, 41, **44**, 45, 46, 48, 51, 58, 71, 77, 78, 79, 81, 101, 133
「の(だ)」(終助詞) 162, 163
能動文 89, 90, 91, 95, 97
「ので」 62, 65, 66
「のではないか」 120, 121
「のに」 62, 67, 163, 165
「〜のほう」 154, 155

は

「ば」 62, 64, 66, 67, 70, 76, 133
「ばかり」 54, 55, 57, 59
拍 16, 48, 120
バ形 25, 133
場所 8, 12, 33, 38, 39, 41, **42**, 46, 48, 58, 140, 141
「はずだ」 112, 114, 115, 130
働き ⇒ 機能
働きかけに対する状況提示 65
撥音便 ⇒ 音便
場面敬語 148, 149, 155
反語 76, 158, **162**
判断をする根拠 65

ひ

比較の副詞 76
非過去(形) 67, 72, 109
美化語 146, **149**, 152, 155
比況 ⇒ 比喩
被修飾名詞 79, 80
必要 122, **123**, 130 ⇒ 義務
否定 5, 6, 9, 18, 21, 29, 54, 56, 61, 68, 71, 74, 76, 77, 94, 98, 99, **100**, 101, 102, 103, 108, 115, 123, 124, 126,

189

127, 128, 162
否定疑問　102, 128
否定形　21, 25, 99, 115
否定推量　76, 113, 115, 117
否定接続　99, 102
被動作者　89
比喩　116
品詞　2, 3, 4, 5, 7, 8, 9, 10, 11, 21, 45, 74
品詞分類　3, 4, 5, 9

ふ

不規則活用　22, 23, 176
複合格助詞 ⇒ 助詞
副詞　2, 4, 5, 8, 26, 28, 29, 34, 69, 74, **75**, 76, 77, 105, 110, 113, 124, 133, 173
　結果副詞　77
　状態副詞　74, 75, 133
　陳述副詞　74, **76**, 77, 110, 173
　程度副詞　74, **75**, 76, 173
　様態副詞　75, 77, 133
　量副詞　76
副助詞 ⇒ 助詞
複文　26, **63**, 69, 80, 105, 162, 169
付属語　2, **3**, 5, 9, 27, 63, 86
付帯状況　**63**, 68, 69, 80, 102
普通名詞 ⇒ 名詞
部分否定　100, 101
部分列挙　46
フランス語　3, 43, 103
プロミネンス　35, **53**, 80, 100
文型　**32**, 33, 34, 36, 37, 43, 44, 47, 95, 148, 169
文節　6, 26, **27**, 28, 29, 30, 32, 39, 134, 135, 145, 158, 161

文節間の関係　**28**, 29, 38, 39, 40, 134
文体　9, 16, 38, 43, 55, 63, 66, 91, 112, 123, 171

へ

「へ」　38, 39, 40, 41, 42, 45
並立　9, 26, **28**, 38, 39, 40, 45, 46, 50, 58, 62, 67, 68, 69, 102, 158, **165**, 167, 171
並立助詞 ⇒ 助詞
「〜べきだ」　123, 130
「へと」　38

ほ

母音語幹動詞 ⇒ 動詞
「〜ほうがいい」　128, 130
方言　17, 19, 21, 40, 42, 64, 92, 96, 105, 107, 114, 116, 136, 140, 144, 152
方向　8, 38, 41, **42**, 44, 47, 76, 140, 141
方向性　**138**, 141, 169
抱合語　3
ポーズ　35
放任　93
ぼかし表現　57, 60, 154, 155
ぼかす　57, 87, 154
補助動詞　27, 28, 43, 98, 126, 133, **134**, 135, 137, 138, 140, 141, 142, 145
補足　158, **166**, 171
「ほど」　50, 57

ま

「まい」　98, **100**, 115, 116, 117
「前」　71, 105
「ます」　97, 127, 146, 155
マス形　25, 133
「まで」　39, **40**, 41, 50, 51, 54, 55, **56**,

71, 133

み

未然形 5, 14, 15, 16, 18, 20, 21, 70, 86, 98, 100, 110, 111, 129, 146

む

無意志動詞 ⇒ 動詞
無情名詞 ⇒ 名詞
無声音 18

め

名詞（以下参照）
　形式名詞 12, 66, 71, 112, 113, 130, 159
　固有名詞 12
　時名詞 12
　場所名詞 12
　普通名詞 12
　無情名詞 12
　有情名詞 12
名詞修飾 78, 81, 82
　内の関係の名詞修飾 79
　限定的名詞修飾 80, 81, 150
　外の関係の名詞修飾 79
　非限定的名詞修飾 80, 81, 84, 85, 150
名詞修飾節 26, 40, 69, **74**, 78, 79, 81, 97, 150
明喩 ⇒ 比喩
命令 5, 34, 64, 122, **125**, 126, 127, 128, 130, 136, 143, 159, 160, 161, 165
命令形 5, 14, 16, 17, 18, 20, 25, 98, 110, 122, 125, 126, 127, 143

も

「も」 21, 50, 55, **56**, 57, **58**, 67, 124

目的語 26, 28, 30, 31, 87, 90, 118, 138
もくろみ 110, 116
持ち主の受身文 ⇒ 受身文
持ち主の敬語 152
「ものの」 62, 70

や

「や」（終助詞） 160
「や」（並立助詞） 6, 38, 41, 45, **46**, 133, 165
「やら」 58

ゆ

有情名詞 ⇒ 名詞
有声音 18

よ

拗音 16
用言 2, **4**, 5, 8, 28, 34, 39, 40, 41, 45, 48, 58, 62, 70, 74, 78, 81, 86
「ようだ」 110, 113, 114, 115, 116, 119
様態 75, 77, 99, 100, 110, 112, 113, **114**, 115, 133, 140
様態副詞 ⇒ 副詞
「ように」 63, 67, 116
「より」 38, 40, 41, 76

ら

ラ行変格活用 14
「らしい」 110, 113, 114, 115, 120
ラテン語 43
ら抜きことば **19**, 96, 174
ラ変 ⇒ ラ行変格活用

り

量副詞 ⇒ 副詞

191

索 引

臨界期　175

る
累加　46, 158, **165**, 167, 171

れ
例示　50, 58, 59, 110, **116**, 166
「れる／られる」　86, 87, 88, 89, 146, 147, 150, 151, 155
連体形　5, 6, 14, 16, 20, 21, 22, 76, 77, 78, 81, 82, 94, 98, 110, 113, 116, 133
連体詞　2, 4, 5, 8, 22, 74, 76, **77**, 78, 116
連体修飾（語）　26, 28, 38, 39, 40, 44, 45, **74**, 79, 82 ⇒ 名詞修飾
連体助詞 ⇒ 助詞
連文節　26, **28**, 81, 135, 145
連用形　5, 14, 15, 18, 20, 21, 22, 41, 49, 69, 74, 76, 82, 98, 103, 110, 116, 133, 149, 151, 175
連用修飾（語）　12, 26, 28, 38, 39, 40, 45, 53, 58, **74**, 82
連用中止法　69

ろ
ローマ字　16, 19
ロシア語　3

わ
「は」　21, 31, 33, **52**, 53, 54, 57, 60, 69, 95, 101, 169 ⇒ 主題
分かち書き　135, 145

を
「を」　32, 38, 39, 40, 42, 43, 44, 45, 47, 51, 52

ヲ格　31, 34, 43, 44, 79, 90, 92, 141, 147

▶著者紹介 ▶▶▶

山田　敏弘（やまだ　としひろ）
岐阜大学教育学部国語教育講座教授
博士（文学・大阪大学）
1965 年 岐阜市生まれ
1988 年 名古屋大学文学部卒業（言語学専攻）
1990 年 名古屋大学大学院博士課程前期課程修了（言語学専攻）
1990 年～1993 年 イタリア・ローマ日本文化会館日本語講座講師
1997 年 大阪大学大学院博士課程後期課程単位取得満期退学（日本語学専攻）
1997 年～2001 年 富山国際大学人文学部講師
2001 年より岐阜大学助教授・准教授、2013 年より現職

著書
『初級を教える人のための日本語文法ハンドブック』スリーエーネットワーク（共著：2000）
『中上級を教える人のための日本語文法ハンドブック』スリーエーネットワーク（共著：2001）
『やさしい日本語のしくみ』くろしお出版（共著：2003）
『日本語のベネファクティブ ―「てやる」「てくれる」「てもらう」の文法―』明治書院（2004）
『国語を教える文法の底力』くろしお出版（2009）
『日本語のしくみ』白水社（2009/2015）
『国語教師が知っておきたい日本語音声・音声言語　改訂版』くろしお出版（2013）
『その一言が余計です。―日本語の「正しさ」を問う―』ちくま新書（2013）
『あの歌詞は、なぜ心に残るのか ―J ポップの日本語力―』祥伝社新書（2014）
『日本文法練習帳』くろしお出版（2015）
『国語を教えるときに役立つ基礎知識 88』くろしお出版（2020）

国語教師（こくごきょうし）が知っておきたい日本語文法（にほんごぶんぽう）　◆◆◆　著者　山田　敏弘（やまだ　としひろ）

| 発行 | 2004 年　8 月 26 日（第 1 刷発行） |
| | 2025 年　3 月 31 日（第 16 刷発行） |

発行人 .... 岡野　秀夫
発行所 .... くろしお出版
　　　　　　　　　〒102-0084
　　　　　　　　　東京都千代田区二番町 4-3
　　　　　　　　　TEL（03）6261-2867
　　　　　　　　　FAX（03）6261-2879
　　　　　　　　　E-mail：kurosio@9640.jp
　　　　　　　　　http://www.9640.jp

装丁 .... 折原　カズヒロ
校正協力 .... 染谷　達雄
レイアウト・組み ... 市川　麻里子
刷り .... シナノ書籍印刷

© Yamada Toshihiro 2004, Printed in Japan

●乱丁・落丁はおとりかえいたします。無断複製を禁じます●
ISBN978-4-87424-310-7　C1081

―――― 好評既刊 ――――

日本語文法練習帳

山田敏弘

　学校文法をもとに、現代日本語の文法を丁寧に解説。作文の誤りを直したり、古典文学や身近な作品を読み解いたり、多様な問題を解きながら、役立つ文法を楽しく学べます。『国語教師が知っておきたい日本語文法』のワークブック編。

1,320 円（1,200 円＋税 10%）

国語教師が知っておきたい
日本語音声・音声言語　改訂版

山田敏弘

　国語を教える際に知っておきたい、日本語の音声と音声言語に関する基礎知識を、他の言語との比較や日本語の歴史を含めて、網羅的かつ体系的に、現場での教育につながる視点で解説しています。平成 23 年度以降、順次改訂実施された新学習指導要領に合わせて、初版より一部の内容を書き換えた改訂版。

1,760 円（1,600 円＋税 10%）

国語を教えるときに役立つ基礎知識 88

山田敏弘

　日々刻々と変化する国語教育を取り巻く環境についていけるか。88 の Q&A で、教員免許状取得後の知識の更新度をチェック。学習指導要領の改訂、日本語にまつわる研究成果もふまえて執筆。現場で教えるための最新知識を身につけよう。

1,650 円（1,500 円＋税 10%）